工会法律工作

百问百答

王仁富◎编著

GONGHUI
FALÜ GONGZUO
BAIWEN BAIDA

中国工人出版社

图书在版编目（CIP）数据

工会法律工作百问百答 / 王仁富编著. —北京：中国工人出版社，2023.6
ISBN 978-7-5008-8186-5

Ⅰ.①工…　Ⅱ.①王…　Ⅲ.①工会法—中国—问题解答　Ⅳ.①D922.564

中国国家版本馆CIP数据核字（2023）第101239号

工会法律工作百问百答

出 版 人　董　宽
责任编辑　赵晨羽　张姗姗
责任校对　张　彦
责任印制　栾征宇
出版发行　中国工人出版社
地　　址　北京市东城区鼓楼外大街45号　邮编：100120
网　　址　http://www.wp-china.com
电　　话　（010）62005043（总编室）
（010）62005039（印制管理中心）
（010）62382916（工会与劳动关系分社）
发行热线　（010）82029051　62383056
经　　销　各地书店
印　　刷　北京市密东印刷有限公司
开　　本　880毫米×1230毫米　1/32
印　　张　6.5
字　　数　130千字
版　　次　2023年7月第1版　2023年7月第1次印刷
定　　价　35.00元

前言

PREFACE

为深入贯彻党的二十大报告提出的“坚持全面依法治国，推进法治中国建设”基本要求，落实工会“十四五”规划的目标任务，当前工会工作的一项重要任务是在法治轨道上推进工会工作高质量发展，加强工会工作法治化建设。工会工作法治化建设是要坚持依法建会、依法管会、依法履职、依法维权，运用法治思维和法治方式协调劳动关系，这也是工会切实履行维护职责、加强自身建设的重要内容；是坚定不移走中国特色社会主义工会发展道路的客观要求；是我国工运事业蓬勃发展的必由之路。

为了全面推进工会工作法治化建设，进一步增强工会干部的法治意识、强化工会干部的法治思维，我们编写出版《工会法律工作百问百答》一书，供工会干部参考借鉴。本书立足于基层工会法律工作实践，从基础知识、工会源头参与、工会劳动法律监督、工会参与劳动争议预防与处理、工会法律援助、工会法治宣传教育等方面梳理了108道问答题，并依据工会工作相关法律法规设计了50道自测题，具有较强的针对性和可操作性。本书的附录部分提供了与工会工作相关的规范性文件，便于查阅。

在本书编写过程中，我们得到了中华全国总工会相关部门以及浙江红船干部学院的大力支持和帮助，在此一并致谢。由于编者水平有限，本书难免存在不足和疏漏之处，敬请广大读者朋友批评指正。

编 者

2023 年 5 月

目录

C O N T E N T S

第七部分 工会法人登记管理

第八部分 常见疑难困惑问题

JI CHU ZHI SHI

第一部分

基础知识

1 什么是工会法律工作?

工会法律工作是工会组织及其所属法律工作部门通过法律途径和相关形式，参与创制法律规范、监督法律规范的执行并运用法治思维和法治方式维护职工和工会组织合法权益、保障工会履行法定职能的各种活动。工会法律工作是工会工作的重要组成部分。随着社会主义市场经济体制的建立和完善，要实现劳动关系的市场化与法治化的有机统一，工会要依法建会、依法管会、依法履职、依法维权。工会构建和谐劳动关系、维护社会稳定、参与国家社会治理就应当加强法律工作，特别是中国特色社会主义进入新时代，工会要团结动员广大职工为实现建设社会主义现代化强国目标发挥工会组织应有的作用，就必须高度重视工会法律工作。

2 新时期加强工会法律工作有何重要意义?

（1）工会法律工作是实现国家治理现代化的客观需要。当代中国，法治是国家治理的基本方式，法治化是国家治理现代化的必由之路，而法治精神是国家治理体系和治理能力现代化的核心要求。推进工会组织治理现代化是国家治理现代化的重要组成部分，工会干部必须坚持法治思维、坚持依法治会，提升工会依法依规开展工作的能力和水平，才能满足维护职工和工会合法权益的需要，实现市场经济下劳动关系的和谐稳定，满足职工群众对美好生活的向往。

（2）工会法律工作是工会组织履行基本职责的主要手段。维护职工合法权益、竭诚服务职工群众是工会的基本职责。工会要在市场经济条件下维护好职工合法权益。首先，工会要通过参与立法，把职工群众的意见和意愿变成具体规则，做到从源头上为维护职工合法权益提供良好的法治环境；其次，要对法律法规的实施情况加强监督检查，使法律法规的具体条款真正得到贯彻和执行；再次，要依法预防和调处劳动争议，维护劳动关系的和谐稳定，为职工和工会提供法律服务和法律援助；最后，还要积极开展法治教育、培训和研究，不断提高广大职工和工会组织依法维护自身合法权益的能力。

（3）工会法律工作是工会发挥民主参与和民主监督作用的重要保障。发展社会主义民主政治就是要体现人民意志、保障人民权益、激发人民创造活力，用制度体系保证人民当家作主。工会是发展社会主义民主政治的重要社会力量，工会应当通过自身民主的力量和法律手段，建立健全民主参与、民主管理、民主监督和民主决策的程序和制度。工会加强法律工作，运用法律的途径和方式表达工会和职工的意愿，有助于不断提高工会和职工民主参与、民主管理、民主监督和民主决策的效能和水平，保障工会在社会生活中发挥越来越重要的作用。

（4）工会法律工作是工会推动和谐社会建设的重要组成部分。劳动关系作为基本的社会关系，其和谐与否关系到劳动者权益能否获得充分保护；关系到企业能否实现高质量发展；关系到社会的和谐稳定。面临新时代劳动关系的深刻调整，政府、工会和企业共同参与的协商协调机制需要进一步完善。工会作为党联系职工群众的桥梁和纽带、作为国家政权的重要社会支柱、作为职工合法权益的代表者和维护者，依法维护职工合法权益，特别是依法参与并处理好各种社会问题和突发性事件，有助于构建和谐稳定的社会环境。

3 工会法律工作的基本特点有哪些？

工会法律工作是工会工作的主要组成部分，具有鲜明的工会特色。

（1）依法维权特色。工会法律工作的主要任务是围绕立法、执法、司法、守法等内容展开的，要求工会法律工作部门应当依法办事，使工会的各项工作符合依法治国和依法治会的要求。工会法律工作与法律法规紧密相关，通过工会工作日益的规范化、法治化，工会组织在职工群众中的影响逐渐扩大，为工会组织更好地维护职工权益发挥了应有的作用。工会法律工作的独特地位和作用将随着国家治理现代化的推进变得越来越重要。

（2）特定服务属性。工会法律工作部门在开展工作时，要把维护职工合法权益、竭诚服务职工群众作为工作的出发点和落脚点。从工会法律工作的内容看，每一项工作都与维护职工的合法权益紧密联系。针对市场经济“资强劳弱”的劳动关系格局所产生的一些损害职工合法权益的现象，广大职工希望工会组织能够积极主动地履行基本职责，依法维护其合法权益不受侵犯，进而维护劳动关系的和谐和社会的稳定。

（3）特殊工作要求。工会法律工作的内容、方式都是以法律法规为依据，充分体现了工会法律工作的专业性。从事工会法律工作的人员必须具有一定的法律素养，能够通过法治方式解决工作中遇到的实际问题，提出具有专业性的意见和建议，并得到立法机关、执法机关和司法部门的认可和采纳。

4 工会法律工作部门如何履行维护职责？

（1）宏观参与，源头维护。工会法律工作部门代表广大职工参与相关法律法规、规章和政策的制定和修改，使广大职工群众的意愿与诉求在法律法规和政策文件中得到充分体现，从宏观上对职工和工会的权益进行维护。

（2）微观帮助，具体维护。工会法律工作部门通过对劳动纠纷处理、职工合法权益维护和工会组织权益保障的监督，以协商、调解、仲裁、诉讼等多种方式，依法向有关部门反映职工和工会的意见，促使问题及时得到解决；对职工个人权益受到侵害的案件，则通过提供法律服务和法律援助等方式进行帮助。事实表明，突出工会法律工作的维护性，不仅可以提高工会在职工群众中的影响力，增强工会的凝聚力和向心力，还可以不断提高工会组织在参与立法和参政议政中的地位。

5 基层工会应该维护职工的哪些权利?

（1）职工的劳动权利。劳动权利主要包括劳动就业的权利和因劳动而获得相应的社会报酬、劳动保险、劳动保护等方面的权利。工会维护职工的劳动权利主要包括工会有权对企业、事业单位侵犯职工合法权益的问题进行调查；工会帮助、指导职工签订劳动合同，代表职工签订集体合同；工会有权参加劳动争议的调解、仲裁工作，支持和帮助职工进行诉讼；工会有权对企业辞退和处分职工的行为提出意见；工会有权对新建、扩建企业和技术改造工程中的劳动条件和安全卫生设施等方面提出意见，对有可能危及职工生命安全的情况提出建议；当发现有危及职工生命安全的情况时，工会有权建议企业组织职工撤离危险现场；工会有权参加伤亡事故和其他严重危害职工健康问题的调查；用人单位濒临破产进行法定整顿期间或者生产经营状况发生严重困难，确须裁减人员的，应当提前 30 天向工会或者全体职工说明情况，听取工会或者职工的意见。

（2）职工的民主权利。职工的民主权利主要是指职工依法享有管理国家和社会事务的权利，既包括职工的政治权利，也包括职工民主管理企事业的权利。工会组织通过参与立法、参政议政，代表和组织职工参加民主管理和民主监督等途径，对职工合法权益加以维护。工会代表职工妥善处理停工、罢工事件也是工会维权中的一项内容。《中华人民共和国工会法》（以下简称《工会法》）第二十八条规定，企业、事业单位、社会组织发生停工、怠工事件，工会应当代表职工同企业、事业单位、社会组织或者有关方面协商，反映职工的意见和要求并提出解决意见。对于职工的合理要求，企业、事业单位、社会组织应当予以解决。工会协助企业、事业单位、社会组织做好工作，尽快恢复生产、工作秩序。

（3）职工的其他权利。职工的其他权利主要包括职工的精神文化权益，如心理健康、个人隐私、人格尊严等。随着互联网的普及、灵活用工的规模日益增大，灵活就业人员的劳动权益保护问题受到社会的广泛关注。由于相关制度的缺失，侵害灵活就业人员的劳动权益的情况时有发生，不仅涉及劳动经济层面和民主政治层面的权益，还涉及精神文化方面的权益。现在不少职工面临着来自社会各方面的压力，对心理健康存有问题的职工，工会要开展心理咨询和相关知识讲座等活动，及时进行心理疏导。工会要多关注职工的心理健康，重视职工幸福感的提升，帮助职工度过职业倦怠期。

6 什么是工会参与立法？

工会参与立法是指工会组织通过各种途径和形式，参与国家和地方立法机关起草、制定、修改法律法规的活动。《工会法》第三十四条对工会参与立法作出具体规定，国家机关在组织起草或者修改直接涉及职工切身利益的法律、法规、规章时，应当听取工会意见，这为工会参与立法提供了直接的法律依据。工会参与立法分为广义和狭义两种。广义的工会参与立法指除了参与有关职工和工会权益法律规范的创制外，还包括参与立法机关、行政机关、司法机关就法律规范进行的立法解释和司法解释等工作。狭义的工会参与立法专指工会参与起草和修改法律、行政法规、部门规章和地方性法规等法律规范的创制活动。各级工会更多的是从广义角度参与立法。

7 什么是工会法律监督?

工会法律监督是指工会组织针对政府部门和用人单位贯彻执行法律法规的情况进行检查并督促其解决问题的活动。这是工会代表广大职工参与管理国家和社会事务的重要形式。根据法律赋予工会的权利，各级工会有权以不同的方式广泛参与国家法治建设和法律监督活动。特别是在劳动关系领域，我国工会有权通过广泛地开展各种形式的法律监督，纠正违法和侵权现象，代表和维护广大职工和工会组织的合法权益。

工会法律监督的主要特点：一是广泛性，工会法律监督是各级工会组织对涉及职工和工会权益的法律法规实施情况的监督，具有广泛的群众基础。二是合法性，工会的法律监督权利是国家法律法规明确规定的，是工会组织享有的合法权利，应当依法行使。在实际工作中，工会的法律监督主要通过民主程序和民主方式依法进行。三是维护性，工会通过法律监督的方式，对相关单位贯彻实施劳动法律法规的行为进行监督。相关单位有违反劳动法律法规行为的，工会有权要求其进行改正或建议政府劳动监察部门对其进行纠正和处罚，达到维护职工合法权益的目的，使工会组织维护权益的职责落到实处。四是协同性，工会法律监督需要政府劳动监察部门密切配合、相互支持、相互合作。同时，基层工会也需要加强与用人单位的沟通协调，就发现的问题及时进行调解，真正使工会法律监督工作在基层发挥广泛的作用。

8 什么是劳动争议，法定范围包括哪些？

劳动争议是指劳动关系当事人之间因行使劳动权利和履行劳动义务产生分歧而发生的争执。劳动争议当事人一方为用人单位，另一方为劳动者。劳动争议必须与劳动权利和义务有关，这是区别于其他争议的本质特征。

依照《劳动争议调解仲裁法》的规定，劳动争议主要包括：①因确认劳动关系发生的争议；②因订立、履行、变更、解除和终止劳动合同发生的争议；③因除名、辞退和辞职、离职发生的争议；④因工作时间、休息休假、社会保险、福利、培训以及劳动保护发生的争议；⑤因劳动报酬、工伤医疗费、经济补偿或者赔偿金等发生的争议；⑥法律、法规规定的其他劳动争议。

另外，依据《最高人民法院关于审理劳动争议案件适用法律问题的解释（一）》第一条规定，劳动者与用人单位之间发生的下列纠纷，属于劳动争议：①劳动者与用人单位在履行劳动合同过程中发生的纠纷；②劳动者与用人单位之间没有订立书面劳动合同，但已形成劳动关系后发生的纠纷；③劳动者与用人单位因劳动关系是否已经解除或者终止，以及应否支付解除或者终止劳动关系经济补偿金发生的纠纷；④劳动者与用人单位解除或者终止劳动关系后，请求用人单位返还其收取的劳动合同定金、保证金、抵押金、抵押物发生的纠纷，或者办理劳动者的人事档案、社会保险关系等移转手续发生的纠纷；⑤劳动者以用人单位未为其办理社会保险手续，且社会保险经办机构不能补办导致其无法享受社会保险待遇为由，要求用人单位赔偿损失发生的纠纷；⑥劳动者退休后，与尚未参加社会保险统筹的原用人单位因追索养老金、医疗费、工伤保险待遇和其他社会保险待遇而发生的纠纷；⑦劳动者因为工伤、职业病，请求用人单位依法给予工伤保险待遇发生的纠纷；⑧劳动者依据劳动合同法第八十五条规定，要求用人单位支付加付赔偿金发生的纠纷；⑨因企业自主进行改制发生的纠纷。

9 什么是工会法律服务？

工会法律服务是指工会法律工作部门通过各种途径和形式，依法为职工和工会组织提供法律方面的帮助，为符合条件的职工提供法律援助的各项活动。《工会法》规定，县级以上各级总工会可以为所属工会和职工提供法律服务。这是工会开展法律服务工作的法律依据。

工会法律服务的主要特点：

（1）提供工会法律服务的主体是县级以上各级总工会。从组织形式上看，工会法律服务工作有的由工会法律工作部门承担，有的由工会下属的职工法律服务中心承担，有的由工会帮扶中心的法律服务人员承担，有的则利用社会力量为职工和工会提供法律服务。虽然提供法律服务主体的组织形式不同，但所服务的对象都是职工和工会组织。

（2）工会法律服务有特定的形式。工会法律服务的主要形式有法律咨询、代写法律文书、审查合同、审查法律文书、提供法律意见、出具法律意见书、参加劳动争议调解、代理诉讼、提供法律援助等。工会法律服务的形式在各级工会有所不同，地市级以上总工会的法律工作部门或机构所提供的法律服务更多的带有全局性，为本级工会的法律事务提供相应的法律咨询和政策咨询，涉及具体案件的情况相对较少；县级总工会和基层工会所提供的法律服务则更多的是针对具体个案，所提供的法律服务直接面向职工。

（3）工会法律服务要有法律依据。工会开展法律服务所出具的法律意见要合法合理，所审查的合同要符合法律的规定，所代理的诉讼要按照法定的程序进行等。

10 新时期如何推进工会工作法治化建设？

工会工作法治化建设要坚持依法建会、依法管会、依法履职、依法维权，运用法治思维和法治方式协调劳动关系。这是工会切实履行维护服务职责、加强自身建设的重要内容；是坚定不移地走中国特色社会主义工会发展道路的客观要求；是我国工运事业蓬勃发展的必由之路。

（1）加强法治教育。各级工会要充分发挥工会的组织优势、阵地优势，加强法律宣传教育，通过法律宣传教育，普及法治知识，提高工会干部和职工群众的法律意识，牢固树立法治观念，使工会干部和职工群众尊法、学法、懂法、用法、守法，自觉做到以法治思维分析问题，用法治方式解决问题。工会还要大力培育法治文化和弘扬法治精神，为工会工作法治化建设创造良好的氛围。

（2）切实运用法律。工会工作法治化建设的关键就是要切实运用法律，保障法律的严格实施，把依法办事贯穿到工会工作的各个方面，做到依法建会、依法管会、依法履职、依法维权，切实维护好、实现好、发展好职工群众的劳动经济利益、民主政治权益、精神文化权益，积极适应改革发展、劳动关系、职工队伍结构变化的新情况、新要求，不断创新完善工会依法维权机制。工会要积极参与严重违反劳动法律法规的案件，参与重大安全生产事故和职业危害事件的调查处理；要健全劳动关系矛盾纠纷预防化解机制，加强工会劳动争议调解工作；促进劳动争议仲裁制度的改革与发展，提高仲裁的效率和公信力。

（3）强化法律监督。法律监督是工会工作法治化建设的重要内容，是保障工会法律实施的基本途径。工会必须高度重视法律监督工作，一是组织和代表职工积极建议和配合人大执法检查、政府行政执法、政协委员视察，推动严格执法；二是推行工会劳动法律监督意见书和建议书制度、重大劳动违法案件曝光和公开谴责制度；三是充分发挥新闻媒体作用，加强对劳动违法行为的舆论监督；四是推动完善劳动违法失信行为惩戒机制，加强企业的社会责任；五是建立健全各级工会劳动法律监督组织，加强工会劳动法律监督员队伍建设，进一步发挥其监督用人单位执行劳动法律法规的作用。

（4）培养法律人才。工会工作法治化建设的推进工作不仅需要完备的法律制度、工作制度和有效的运行机制，还需要可靠的人才保障。各级工会要加强工会法律知识培训，全面提高各级工会干部的法律素质，不断提升工会干部运用法治思维和法治方式开展工作的能力；还要加强工会法律专业人才队伍建设，培养建设工会公职律师、职工法律援助团队，培养建设劳动争议仲裁员、劳动争议调解员和劳动法律监督员队伍，不断壮大工会法律人才队伍。

GONG HUI YUAN TOU CAN YU

第二部分

工会源头参与

11 工会如何源头参与，维护职工的合法权益?

《工会法》第三十四条规定，国家机关在组织起草或者修改直接涉及职工切身利益的法律、法规、规章时，应当听取工会意见。县级以上各级人民政府制定国民经济和社会发展计划，对涉及职工利益的重大问题，应当听取同级工会的意见。县级以上各级人民政府及其有关部门研究制定劳动就业、工资、劳动安全卫生、社会保险等涉及职工切身利益的政策、措施时，应当吸收同级工会参加研究，听取工会意见。《工会法》的上述规定从法律上保障了工会源头参与的权利。

（1）国家机关在组织起草或者修改直接涉及职工切身利益的法律、法规、规章时，应当听取工会意见。这里的国家机关包括国家权力机关和行政机关。这里的国家权力机关是指全国人大及其常委会；省、自治区、直辖市人大及其常委会；省会所在市和国务院批准的较大的市的人大及其常委会。这里的行政机关是指国务院及其所属的部、委员会和直属机构以及省、自治区、直辖市人民政府；省会所在市和国务院批准的较大的市的人民政府。国家权力机关、行政机关在制定直接涉及职工切身利益的法律、法规、规章时，要听取工会的意见。

（2）县级以上各级人民政府制定国民经济和社会发展计划，对涉及职工利益的重大问题，应当听取同级工会的意见。为充分体现职工的意愿和要求，反映广大职工群众的意见和要求，各级人民政府要充分发挥工会作为党和政府联系职工群众的桥梁纽带作用，在制定国民经济和社会发展计划时，对涉及职工利益的问题，应听取同级工会的意见。

（3）县级以上人民政府及其有关部门研究制定劳动就业、工资、劳动安全卫生、社会保险等涉及职工切身利益的政策、措施时，应当吸收同级工会参加研究，听取工会意见。工资、物价等直接关系职工的生活水平，社会保险关系职工丧失劳动能力或有就业机会时所获得的物质帮助，劳动安全卫生直接关系职工在劳动生产过程中的生命安全和身心健康。这些政策和措施的研究制定，都涉及职工的切身利益。工会要代表和维护职工利益，就必须就这些方面的问题开展调查研究，广泛听取职工意见，及时向同级政府提出建议，县级以上各级人民政府及其所属各部门应当吸收同级工会参加研究，认真听取工会意见。

12 工会参与立法的职责范围主要包括哪些方面？

工会参与立法的范围主要是参与涉及职工和工会权益的各项法律法规的制定，如参与有关职工劳动保障权利、民主管理权利、社会监督权利以及其他涉及职工权益的立法，参与和工会工作密切相关的立法等。工会参与立法按职责范围分为参与国家立法和参与地方立法。

（1）工会参与国家立法的职责范围：①提出并起草全国总

工会给中共中央、全国人大常委会、国务院的立法建议。②参加立法机关进行的与职工和工会权益紧密相关的法律法规草案起草工作；全国总工会可单独或与有关部门联合起草涉及职工具体利益的法律、行政法规草案，并通过相应的法律程序提请全国人大及其常委会或国务院常务会议审议。③各产业工会全国委员会可参加起草政府相关部门起草的与职工权益紧密相关的法律法规、规章草案和政策文件；可与相应的国务院各部委联合起草涉及职工具体权益的规章和决定等政策文件。④对全国人大常委会、国务院及其有关部门征求工会意见的法律法规、规章草案和政策文件提出修改意见与建议。⑤对最高人民法院制定的与职工和工会有关的司法解释提出意见和建议。⑥与立法机关和政府机关进行协调，疏通工会参与立法的渠道，通过立法解释和其他方式，解决工会参与立法、参与劳动争议处理和开展劳动法律监督中的相关问题。

（2）工会参与地方立法的职责范围：①起草地方总工会给地方立法机关的立法建议。②地方总工会可与有关部门联合起草涉及职工具体权益的地方性法规草案。③地方总工会参加地方政府及其相关部门起草的与职工权益紧密相关的规章草案和政策文件等。④对地方人大常委会、地方政府及其有关部门征求地方总工会意见的规章草案和政策文件提出修改意见。⑤与地方立法机关和地方政府部门进行协调，解决工会参与立法的渠道和方式的问题。此外，基层工会也可根据实际情况和需要，向有关部门提出立法建议。

13 工会参政议政有哪些需要注意的事项?

工会参政议政是工会法律工作的一项重要内容。要做好这项工作，工会法律工作者应当注意倾听职工群众的意见和要求，在深入调查研究的基础上，为工会的参政议政提出有理有据的意见和建议。

（1）参政议政要注重调查研究。工会组织在参政议政中提出的问题和建议应当有来自基层调研的数据，并在对数据进行分析的基础上，提出需要与政府及政府相关部门协商的具体内容。

（2）参政议政所涉及的问题要有法律法规和政策依据。工会在联席会议或其他协商活动中提出的问题要有法律法规和政策的支撑，所提问题应建立在相关法律法规和政策的基础之上，使工会的意见和建议更有说服力，可以获得认可。

（3）参政议政所解决问题的方法应与相关立法宗旨相一致。工会通过参政议政解决问题的方法和措施应建立在法律法规的基础之上，即使法律法规没有明确的规定，工会参政议政所解决问题的方法也要符合相关立法宗旨。

14 工会参与立法的途径和形式主要有哪些?

工会参与立法要与特定的国家和地方立法机关相联系，具体来说主要是全国人大、全国人大常委会、全国人大常委会下属各专门委员会；国务院、国务院各部委及其具体工作部门；各地方人大、地方人大常委会、地方人大常委会下属各专门委员会；地方政府、地方政府相关部门；最高人民法院、地方各级人民法院；最高人民检察院、地方各级人民检察院等。工会应当与上述国家机关密切联系与合作，通过相应的途径和形式参与立法活动。比如，工会向立法机关、政府和政府部门提出立法建议，通过人大常委会委员和人大代表提出立法议案或建议，通过政协委员提出立法提案或建议，对法律法规草案提出修改意见和建议等。

工会参与立法要分层次进行。在参与国家立法方面，全国总工会和地方各级工会都可以参与，但以全国总工会为主；全国总工会可以在综合各级工会意见的基础上，向国家立法机关提出工会的意见和建议。在参与地方立法方面，以地方总工会为主，由地方总工会向地方立法机关提出立法意见和建议，全国总工会可以给予指导。

工会参与立法是一项综合性工作，必须注重发挥工会法律工作部门和工会机关其他职能部门以及各产业工会的作用，协调一致，统一以本级工会的名义提出建议。凡是综合性问题的立法建议，应以工会法律工作部门为主，吸收各职能部门、各产业工会的意见；凡业务性、专业性较强的立法建议，应以各职能部门或有关的产业工会为主，法律工作部门积极参与研究。工会还应积极参加同级人大常委会、政府组织的有关法律问题的研讨会、论证会，了解立法方面的趋势和进展，有针对性地进行调查研究，提出切合实际的法律意见和建议。

15 工会参与国家立法工作有哪些内容？

（1）参与法律、法规、规章的制定。为保证国家法律充分体现广大职工的意愿，国家机关在研究起草或者修改直接涉及职工切身利益的法律、法规、规章时，应当听取工会的意见。

（2）参与国民经济和社会发展计划制定。国民经济和社会发展计划是国家对国民经济各部门、社会再生产各环节以及教科文卫等方面进行全面规划而提出的一定时期经济和社会发展的预期目标，其中的就业、安全卫生、社会保险等与职工利益直接相关。工会应当积极参与国民经济和社会发展计划制定，从源头上维护职工利益。《工会法》明确规定，县级以上各级人民政府制定国民经济和社会发展计划，对涉及职工利益的重大问题，应当听取同级工会的意见。

（3）参加劳动政策、措施的研究制定。随着我国经济发展进入新常态以及供给侧结构性改革力度的不断加大，一些涉及就业、收入分配、劳动安全卫生、社会保险等方面的政策措施必然会影响职工的切身利益，需要得到职工的理解和支持，否则将难以执行。因此，国务院及其各部门在研究制定相关劳动政策措施时，应当吸收同级工会参加研究，听取工会意见。工会要积极主动参与，如实地反映职工的情况、意见和建议。

16 工会参与国家立法的主要途径有哪些？

（1）通过议案、提案参与国家立法。工会通过提交全国人大议案、政协提案反映涉及职工利益的问题，接受立法机关的委托，单独或与有关部门联合拟订涉及职工利益的法律草案，通过法律规定的程序提请人大、政协审议。一般议案、提案和法律草案是经人大、政协的代表和委员提交给人大、政协。

（2）通过调研，推动政策议程建立。工会采用“从群众中来，到群众中去”的调研方式，深入调查研究职工群众普遍关心的涉及职工切身利益或工会组织自身利益的问题，并向党委、人大、政府及有关部门报送专题报告、调查报告、信息，争取将工会提出的要求列入政策议程。

（3）通过建立各级工会与同级政府及相关部门召开联席会议制度发挥作用。联席会议是政府与工会进行沟通、交流，通报情况，解决问题的一种形式。工会应充分利用这种形式解决劳动关系中的棘手问题，提出改进意见，督促政府付诸行动。

（4）通过专题讨论会，与政府有关部门就涉及职工切身利益的某个问题进行研究讨论。工会与政府有关部门共同提出解决问题的方案，并采取联合制发文件的形式，促使解决有关问题。

（5）通过参加劳动关系三方机制发挥作用。劳动关系三方机制是政府劳动行政部门、工会和企业组织三方就涉及劳动关系的重大问题，进行相互协商的协调机制。工会应当充分发挥三方协商机制的作用，提出立法和制定政策的意见和建议。

17 工会参与地方立法工作的主要内容有哪些?

（1）参与地方性法规和规章制度的制定。近年来，一系列地方劳动法律法规和规章制度出台，涉及平等协商、集体合同制度、劳动合同管理、职业病防治、工伤保险和企事业单位民主管理等方面。对这些涉及职工权益的地方立法，工会应积极主动地参与调研或参与起草、修改，充分反映职工的意见和建议。

（2）参与地方国民经济和社会发展计划的制定。地方国民经济和社会发展计划涉及地方经济发展、利益分配、教科文卫等事业的发展、社会保障与福利事业的兴办等方面的内容，直接关系职工群众的切身利益。工会有责任广泛听取职工群众意见，参与制定和动员职工群众实施地方国民经济和社会发展计划，确保计划制定的科学性、民主性和可操作性。

（3）积极参与地方劳动政策的制定。地方各级工会应设立参与职工劳动权益保障政策制定的专门机构或组织，围绕市场经济发展趋势，主动向政府及其有关部门提出调整政策的意见和建议，组织专门人员参加政府及其有关部门起草或修改劳动政策的调整方案，广泛地征询职工的意见和建议，最大限度地保障职工的具体利益。

18 工会参与地方立法的主要方法有哪些？

（1）营造工会参与地方立法的环境和氛围。一是建立健全开门立法的地方立法机制。各级决策机关建立和完善重大决策的规则和程序，建立社情民意反映制度，建立与群众利益相关的重大事项社会公示制度和社会听证制度，完善专家咨询制度，实行决策的论证制和责任制，防止决策的随意性。二是大力开展工会参与地方立法的理论研究活动。三是继续做好工会的相关法律法规的立法工作。

（2）提高工会参与地方立法的质量和效率。一是搞好工会组织的自身建设。创新工会组织体制、思维方式和工作模式，形成上级工会服务下级工会、工会组织服务职工群众、下级工会评判上级工会、会员群众评判基层工会的运行机制和考核评价机制，以确保职工的利益诉求通过工会参与在地方立法中得到体现。二是加强工会干部队伍建设。工会参与地方立法需要加强工会干部法律意识和法律知识的培养和教育；需要完善各级工会干部工作责任监督制度，实行工会主席向本级工代会述职、接受评议监督和罢免制度；需要广泛开展学习活动，努力提高工会干部素质，增强工会干部参与地方立法工作的主动性、预见性和科学性。三是多层面、宽领域、高效能地推进工会的参与工作。工会参与地方立法的途径要不断拓宽。工会应建立新闻发言人、记者招待会和信息发布会制度，并经常开展民意测验活动，或者采取座谈会、听证会等形式直接组织职工就重大政策问题进行讨论、表达意见，形成工会与职工双向互动的利益表达机制。工会要依靠自己的组织优势和专兼职的研究专家队伍，建立独立的政策评估机制。四是加强调查研究和政策研究。加强调查研究和政策研究是工会做好参与工作的前提和保证。工会可建立专兼职的研究专家队伍，形成工会上下、内外联合调研的工作格局和运行机制；鼓励工会系统内外多部门跨学科的自由研究，不断创新工作思路。与此同时，工会还要制定研究规划，确立研究课题，重视组织力量开展前瞻性的研究；建立工会自己的信息统计系统，及时更好地为工会参与地方立法提供表达职工利益要求的依据。

19 工会规章制度主要包括哪些内容?

（1）工会组织建设的工作制度。工会组织建设的工作制度包括工会如何发动职工组织建立工会制度、工会筹建及报告批准制度、工会会员代表大会制度、工会委员会成员和工会经费审查委员会成员的选举、罢免制度。

（2）工会组织活动的工作制度。工会组织活动的工作制度不仅包括工会内部的管理工作制度，如制定工会的例会制度，按期召开全体委员会议、主席办公会议、分工会主席办公会议等，也包括工会开展维护职工合法权益的工作制度，如制定工会信访接待工作制度，工会开展劳动争议调解工作制度，工会进行集体协商签订集体合同工作制度，工会公职律师管理工作制度等，还包括各类工作人员的责任制度，特别是工会主席、副主席要严格履行职责，实行目标责任制。

（3）工会经费财务管理的工作制度。工会经费财务管理的工作制度包括财务管理与会计核算制度、资产管理制度，促使各级工会收好、管好、用好工会经费，保证工会资产保值增值，发扬财务民主，讲究资金、财产使用效能，保证和促进工会工作、职工群众活动和工会各项事业的发展。工会经费审查制度可以健全各级工会经审组织，保障制度完善、审计规范、监督有力。

20 企业工会对劳动者严重违反规章制度被解约该如何行使监督权？

《劳动合同法》第四条规定，用人单位在制定、修改或者决定有关劳动报酬、工作时间、休息休假、劳动安全卫生、保险福利、职工培训、劳动纪律以及劳动定额管理等直接涉及劳动者切身利益的规章制度或者重大事项时，应当经职工代表大会或者全体职工讨论，提出方案和意见，与工会或者职工代表平等协商确定。《中华人民共和国劳动法》（以下简称《劳动法》）也赋予用人单位对严重违反单位规章制度的劳动者进行解雇的权利。所以，有关违纪解约的规定在规章制度中显得尤为重要。

由于受到强制性纲要式的立法模式影响，一些用人单位总是想按照自己的意愿来制定规章制度，把解除员工合同的最终决定权视为自己的一项重要权利。《劳动合同法》对违纪解除劳动合同需要征求工会意见进行了明确的规定，一方面规定民主程序和公示是规章制度生效的条件之一，另一方面又规定违反规章制度和劳动纪律解除劳动合同，必须征求工会的意见。

劳动者严重违反规章制度，用人单位在解除合同时应依法征求工会的意见，不仅是单位解除劳动合同时应当履行的法定程序，也是对职工劳动权利、生存权利的保障。尚未建立基层工会的单位，也要通过告知并听取职工代表和当地总工会意见的方式履行该法定程序。最高人民法院对此给予了明确规定，用人单位单方面解除劳动合同时，应当依据《工会法》的规定事先将解除理由通知工会，未经上述程序的，用人单位单方解除的行为无效。

GONG HUI LAO DONG FA LÜ JIAN DU

第三部分

工会劳动法律监督

21 工会开展劳动法律监督的法律依据主要有哪些？

法律法规对工会组织和代表职工进行劳动法律监督作出的明确规定，为工会发挥劳动法律监督作用提供了重要的法律保障。工会开展劳动法律监督的法律依据主要有：

（1）《工会法》。《工会法》第六条规定，工会依照法律规定通过职工代表大会或者其他形式，组织职工参与本单位的民主选举、民主协商、民主决策、民主管理和民主监督。《工会法》第二十二条规定，企业、事业单位、社会组织处分职工，工会认为不适当的，有权提出意见。用人单位单方面解除职工劳动合同时，应当事先将理由通知工会，工会认为用人单位违反法律、法规和有关合同，要求重新研究处理时，用人单位应当研究工会的意见，并将处理结果书面通知工会。职工认为用人单位侵犯其劳动权益而申请劳动争议仲裁或者向人民法院提起诉讼的，工会应当给予支持和帮助。《工会法》第二十六条规定，工会有权对企业、事业单位、社会组织侵犯职工合法权益的问题进行调查，有关单位应当予以协助。

（2）《劳动法》。《劳动法》第八十八条规定，各级工会依法维护劳动者的合法权益，对用人单位遵守劳动法律、法规的情况进行监督。

（3）《劳动合同法》。《劳动合同法》第七十八条规定，工会依法维护劳动者的合法权益，对用人单位履行劳动合同、集体合同的情况进行监督。用人单位违反劳动法律、法规和劳动合同、集体合同的，工会有权提出意见或者要求纠正；劳动者申请仲裁、提起诉讼的，工会依法给予支持和帮助。

（4）《安全生产法》。《安全生产法》第七条规定，工会依法对安全生产工作进行监督。生产经营单位的工会依法组织职工参加本单位安全生产工作的民主管理和民主监督，维护职工在安全生产方面的合法权益。生产经营单位制定或者修改有关安全生产的规章制度，应当听取工会的意见。

（5）《职业病防治法》。《职业病防治法》第四条规定，工会组织依法对职业病防治工作进行监督，维护劳动者的合法权益。用人单位制定或者修改有关职业病防治的规章制度，应当听取工会组织的意见。

（6）《社会保险法》。《社会保险法》第九条规定，工会依法维护职工的合法权益，有权参与社会保险重大事项的研究，参加社会保险监督委员会，对与职工社会保险权益有关的事项进行监督。

此外，《就业促进法》《妇女权益保障法》《职工带薪年休假条例》《工伤保险条例》《保障农民工工资支付条例》《劳动保障监察条例》《最低工资规定》等法律法规、规章以及有关地方性法规、地方政府规章等也对工会开展劳动法律监督做出了明确规定。

22 基层工会开展劳动法律监督的职责包括哪些?

《工会劳动法律监督办法》第十四条规定，基层工会或职工代表大会设立劳动法律监督委员会或监督小组。工会劳动法律监督委员会受同级工会委员会领导。职工代表大会设立的劳动法律监督委员会对职工代表大会负责。根据有关规定和实践，基层工会开展劳动法律监督，具体由基层工会或职工代表大会设立的劳动法律监督委员会或监督小组负责，监督职责主要包括：①向用人单位、劳动者宣传劳动法律法规；②参与用人单位安全生产、劳动报酬、工作时间、休息休假、职业病防治、保险福利、职工培训、劳动纪律等规章制度的制定、修改或者重大事项的决定；③对用人单位遵守劳动法律法规情况实施监督；④接受对所在单位违反劳动法律法规行为情况的反映，开展调查，提出处理意见；⑤承办上级工会交办的工会劳动法律监督有关事项。对于严重损害劳动者合法权益的行为，基层工会劳动法律监督委员会在向单位行政提出意见的同时，可以报告上级工会和当地政府劳动保障监察部门，要求迅速查处。

实际工作中，对不同对象的监督一般是由不同层级的工会组织完成的。对用人单位是否遵守劳动法律法规的情况，各级工会组织都有权进行监督，但大量的、经常性的工作主要是由基层工会进行的。基层工会在开展劳动法律监督活动时，可提请上级工会给予业务指导，上级工会应当及时给予指导帮助。

23 工会劳动法律监督组织有哪些形式？

根据《工会劳动法律监督办法》第十四条规定，我国工会劳动法律监督组织的形式主要有劳动法律监督委员会和劳动法律监督小组两种形式。县级以上总工会设立工会劳动法律监督委员会，在同级工会领导下开展工会劳动法律监督工作。基层工会一般设立劳动法律监督委员会，工会会员人数不足25人的，可以设立工会劳动法律监督小组。基层单位没有建立工会的，可以通过职工代表大会设立劳动法律监督委员会，对本单位执行劳动法律法规的情况进行监督，定期向职工代表大会报告工作，针对存在的问题提出的意见或方案可经职工代表大会作出决议，督促行政方面执行。职工代表大会设立的劳动法律监督委员会对职工代表大会负责。

24 工会劳动法律监督委员会组成人员有哪些?

工会劳动法律监督委员会是各级工会成立的专门从事劳动法律监督的工作委员会，受同级工会委员会领导。工会劳动法律监督委员会对外代表工会开展劳动法律监督活动。工会劳动法律监督委员会不是一个独立于工会之外的组织，不能独立承担责任，其责任应由同级工会承担。

工会劳动法律监督委员会一般由主任、副主任和两名以上委员组成。工会劳动法律监督委员会主任一般由本级工会主席或者副主席担任。县级以上工会劳动法律监督委员会委员一般由与维护职工权益密切相关的业务部门人员组成，如法律工作部门、权益保障工作部门、民主管理工作部门、劳动和经济工作部门、宣传工作部门、女职工工作部门等，也可以聘请人大、政协、政府等有关工作人员以及专家学者、社会人士等。县级以上总工会的劳动法律监督委员会应当设立办公室，负责工会劳动法律监督的日常工作，办公室一般设在同级工会负责法律工作的部门。

基层工会的劳动法律监督委员会委员从工会工作者和职工群众中推选产生。基层工会会员不足 25 人的，可以设立工会劳动法律监督小组，并在本单位的工会会员、职工中推选产生 1 至 3 名工会劳动法律监督员，承担工会劳动法律监督的日常工作。

25 工会劳动法律监督员如何产生？

工会劳动法律监督员是各级工会组织推选或聘任的从事劳动法律监督工作的专职、兼职人员。工会劳动法律监督员经县级以上总工会培训，考核合格领取《工会劳动法律监督员证书》后，正式履职。

工会劳动法律监督委员会委员为本级工会劳动法律监督员。基层工会劳动法律监督员可以由用人单位的工会小组长担任，或者由用人单位的科室、车间、班组等各基本生产经营单元推荐 1 名职工担任。女职工较多的用人单位，劳动法律监督员应当有适当比例的女性。

县级以上总工会、产业工会、区域性行业性工会联合会可以在暂未建立工会组织的用人单位、农民工集中的项目工地等聘请相关人员担任工会劳动法律监督员。

26 工会劳动法律监督员需要履行哪些职责?

工会劳动法律监督员是工会劳动法律监督活动的具体执行者，需要履行以下职责：

（1）开展劳动法律法规和有关政策宣传。开展劳动法律法规和有关政策宣传是工会劳动法律监督的一项基础性和经常性的工作，是预防劳动争议的有效手段。工会劳动法律监督员通过广泛开展法治宣传，提升用人单位和劳动者的法律意识，引导用人单位依法制定规章制度、规范用工、履行企业社会责任；引导职工爱岗敬业、依法理性地表达合理诉求。

（2）对用人单位遵守劳动法律法规的情况进行监督，发现问题提出处理意见，督促用人单位整改落实。工会劳动法律监督员通过对用人单位遵守劳动法律法规、保障职工合法权益情况实施监督，发现问题、报告问题，推动完善相关立法和制度的设计，再通过监督推进新制度实施，实现良法善治。

（3）针对严重损害劳动者合法权益的行为，及时向工会劳动法律监督组织和当地政府劳动保障监察部门报告，提出查处建议。工会是职工自愿结合的工人阶级群众组织，有监督建议权，在发现用人单位存在劳动违法行为时，应及时向劳动保障监察部门提出查处建议。

（4）接受职工的投诉，对用人单位执行劳动法律法规的情况进行调查，向工会劳动法律监督组织汇报，提出处理意见。这是工会劳动法律监督员具有的独特优势，发动、组织和依靠职工群众对劳动违法行为进行投诉，掌握案件线索，有针对性地开展调查，依法提出处理意见，形成工会劳动法律监督完整高效的流程闭环。

（5）参加人大、政协、政府组织的劳动法律法规政策执行情况的执法检查、委员视察、监督检查等活动。工会劳动法律监督员通过参与执法检查、委员视察、监督检查等活动，代表职工表达意见诉求，促进劳动法律法规贯彻的落实和修改完善，从源头维护职工的合法权益。

27 工会开展劳动法律监督依法享有哪些权利?

根据《工会法》《劳动法》《劳动合同法》《劳动保障监察条例》《工会劳动法律监督办法》等规定，工会开展劳动法律监督，依法享有监督用人单位遵守劳动法律法规、参与调查处理、提出意见要求依法改正、提请政府有关主管部门依法处理、支持和帮助维护职工合法权益等权利，以及法律法规规定的其他劳动法律监督权利。

工会开展劳动法律监督的目的在于纠正用人单位违反劳动法律法规的行为，保证劳动法律法规的遵守执行，保障职工合法权益的实现。工会对在监督中所发现的违法行为，必须及时、有效地处理。工会本身不具有行政处罚权和司法审查权，不能直接处理违法行为和责任人员，但依法有权对违反劳动法律法规的行为进行调查并提出意见。《工会法》第二十二条规定，企业、事业单位、社会组织处分职工，工会认为不适当的，有权提出意见。用人单位单方面解除职工劳动合同时，应当事先将理由通知工会，工会认为用人单位违反法律、法规和有关合同，要求重新研究处理时，用人单位应当研究工会的意见，并将处理结果书面通知工会。《工会法》第二十六条还规定，工会有权对企业、事业单位、社会组织侵犯职工合法权益的问题进行调查，有关单位应当予以协助。《安全生产法》第六十条规定，工会有权依法参加事故调查，向有关部门提出处理意见，并要求追究有关人员的责任。

28 工会对用人单位哪些行为实施劳动法律监督?

（1）执行国家有关就业规定的情况。用人单位是否向劳动者提供平等的就业机会和公平的就业条件；用人单位是否存在对女职工、残疾人、传染病病原携带者就业歧视的情况；用人单位是否存在利用职业中介侵害劳动者合法权益的情况等。

（2）执行国家有关订立、履行、变更、解除劳动合同规定的情况。用人单位订立劳动合同的主题、内容及形式是否合法；用人单位是否落实劳动合同约定的劳动报酬、工作时间、社会保险以及劳动保护等规定；劳动合同的变更、解除和终止是否符合法律法规的规定。

（3）开展集体协商，签订和履行集体合同的情况。用人单位是否依法建立集体协商和集体合同制度，是否每年定期开展工资集体协商；用人单位签订包括工资、女职工特殊保护、安全卫生等内容的专项集体合同是否履行了要约、协商、职代会审议、签字、报审以及向全体职工公布等法定程序；用人单位决定涉及职工切身利益的重要问题、调整劳动关系的重要事项是否通过集体协商确定。

（4）执行国家有关工作时间、休息休假规定的情况。用人单位是否遵守有关法律规定的工作时间，是否存在违法超时加班等行为；用人单位实行不定时工作制和综合计算工时制的是否报经劳动部门批准，并向职工公示；用人单位安排职工加班加点，是否支付了相应的报酬。

（5）执行国家有关工资报酬规定的情况。用人单位是否遵循按劳分配、同工同酬的原则，合理进行工资分配，依法保障职工收入；实行计件工资制的用人单位制定的劳动定额或者计件报酬的标准是否科学合理；用人单位是否及时足额地以法定货币形式发放工资；用人单位发放的最低工资是否符合国家和地方政府规定的最低工资标准。

（6）执行国家有关各项劳动安全卫生、伤亡事故和职业病处理规定的情况。用人单位是否建立了劳动安全卫生制度，是否严格执行国家劳动安全卫生法律法规、操作规程和安全标准；用人单位的劳动安全卫生设施是否符合国家规定。新建、改建、扩建工程项目的安全卫生设施是否与主体工程同时设计、同时施工、同时投入生产和使用；用人单位为职工提供的劳动安全卫生条件和劳动防护用品是否符合有关规定，是否为职工分级开展安全生产教育培训，是否对从事有职业危害作业的职工按规定进行职业健康检查并建立职业健康监护档案；用人单位是否存在违章指挥的情况。

（7）执行国家有关女职工和未成年工特殊保护规定的情况。女职工是否依法享有与男职工平等的劳动就业权；用人单位是否安排女职工从事禁忌劳动或其他不利于身体健康的工作；用人单位是否依法保障女职工在孕期、产期、哺乳期的合法权益。用人单位是否安排未成年工从事矿山井下、有毒有害以及国家规定的第四级体力劳动强度的劳动或者其他禁忌从事劳动；用人单位是否定期对未成年工进行健康体检等。

（8）执行国家有关职业培训和职业技能考核规定的情况。用人单位是否依据有关规定足额提取和使用教育培训经费；用人单位是否按照有关规定正常使用职工教育培训经费，并确保教育培训经费用于一线职工的比例符合要求。

（9）执行国家有关职业保险、福利待遇规定的情况。用人单位是否为全体职工应保尽保；用人单位是否依照规定的缴费基数、缴费比例按时足额缴纳社会保险费；用人单位是否按照规定为职工缴存了住房公积金。

（10）制定内部劳动规章制度的情况。用人单位制定涉及职工切身利益的劳动规章制度的程序是否合法，是否履行了民主程序，是否与工会或者职工代表进行集体协商；用人单位的劳动规章制度的内容是否合法，是否存在违反法律法规或违背公序良俗的规定；用人单位是否向职工公布制定的劳动规章制度。

29 工会应重点监督用人单位哪些行为？

为了适应形势发展需要，工会开展劳动法律监督，重点监督用人单位是否存在恶意欠薪、违法超时加班、违法裁员、未缴纳或未足额缴纳社会保险费、侮辱体罚、强迫劳动、就业歧视、使用童工、损害职工健康等行为。对发现的有关问题，工会应当调查核实，督促整改，并及时向上级工会报告。对职工申请仲裁、提起诉讼的行为，工会应当依法给予支持和帮助。

近年来，各级工会始终坚持将根治欠薪工作作为工会劳动法律监督和维权服务的重点，特别是在每年春节前后，大力开展法治宣传教育、法律援助服务和劳动争议调处等工作，认真落实集体协商、欠薪纠纷多元化解机制，切实维护职工合法权益，构建和谐劳动关系。全国多地工会召开专题会议，下发专门通知，明确要求各级工会以整治欠薪专项行动为载体深入企业、工地，帮助农民工解决欠薪问题。

30 什么是工会劳动法律监督“一函两书”制度？

“一函两书”制度中的“一函”指的是工会劳动法律监督提示函或者问询函；“两书”是工会劳动法律监督意见书和工会劳

动法律监督建议书的简称。

工会依法开展劳动法律监督，发现用人单位违反劳动法律法规，侵害职工合法权益，经与用人单位协商沟通无效后，可以向用人单位发出工会劳动法律监督意见书，要求用人单位说明情况，对违法行为进行改正。用人单位在一定时间内未答复或者无正当理由拒不改正的，县级以上总工会可以向同级劳动行政部门提交工会劳动法律监督建议书，建议劳动行政部门依法查处。

在实践中，有些地方工会将沟通协商作为发出“两书”的前置程序，在“两书”制度的基础上，推出“一函两书”制度，即工会组织认为用人单位可能违反相关规定，在向用人单位发出工会劳动法律监督意见书、工会劳动法律监督建议书之前，可以先给予口头提示或者沟通协商，必要时发出工会劳动法律监督提示函或者问询函，使监督程序更加流畅，监督效果更加突出。近年来，“一函两书”制度已经成为工会开展劳动法律监督的有效形式，是充分发挥工会群众监督优势和劳动保障监察部门行政监督优势的有效载体。

31 地方工会和基层工会开展劳动法律监督的方式主要有哪些?

根据有关法律法规和工作实践情况，地方工会开展劳动法律监督的方式主要有以下几种：①对用人单位开展劳动用工法律风险“体检”或劳动用工监督评估，特别是对劳动法律法规贯彻实施薄弱的重点地区、行业和企业等，以及具有改革调整任务和因经营状况可能需要对职工劳动关系、工作岗位、薪酬等做重大变更的企业进行重点“体检”评估，依法梳理相关规章制度，协助用人单位有效排查劳动关系矛盾的风险隐患，及时发现和化解影响劳动关系的倾向性问题；②通过“12351”职工维权热线电话、工会媒体、网站等方式接受职工情况反映，经调查核实，由基层工会向用人单位提出意见建议，协商解决，协商无效的，提请劳动保障监察部门查处；③县级以上工会参与人大、政协、政府组织的劳动法律法规政策执行情况的执法检查、委员视察、监督检查等活动；④定期参加劳动保障监察等有关部门开展的劳动法律实施重点领域和薄弱环节综合或专项监督检查活动；⑤帮助、代理职工参加劳动争议仲裁、诉讼等。此外，上级工会可以派员参加下级工会的劳动法律监督活动，也可以直接开展劳动法律监督活动。

基层工会开展劳动法律监督的方式主要有以下几种：①根据职工反映的情况，针对有关问题开展调查处理；②组织劳动法律监督员、职工和会员代表进行日常检查监督；③就劳动关系的重大问题、重大风险隐患等及时向同级党委和上级工会报告。

各级工会在开展工会劳动法律监督工作过程中积极探索，积累了很多好的经验。比如上海市总工会将预防化解劳动关系矛盾、维护劳动领域政治安全作为社会治理体系现代化的重要组成部分，探索出“排摸体检清底数、协商民主依法度、多方联动强调处、应援尽援权益护、定向监督纠偏误、系统平台夯基础”的“六步工作法”，制定预防化解劳动关系矛盾的“六步工作法”操作指南，有效预防化解劳动关系矛盾。同时，上海市总工会还引入第三方对企业执行劳动法律法规、构建和谐劳动关系的情况进行评估并定期公布。江苏省总工会建立了企业违法情况信息共享制度，上海市总工会推动实施将违法用工企业信息录入上海市公共信用信息服务平台工作机制。

32 工会如何开展日常劳动法律监督检查？

工会应当定期对用人单位遵守劳动法律法规、保障职工合法权益情况实施监督检查。在监督检查中，工会发现用人单位有违反劳动法律法规行为的，应当及时依照有关程序处理。工会劳动法律监督检查主要有以下三个步骤：

（1）制定监督检查方案。监督检查方案主要包括监督检查的时间、内容、对象、方式和总体要求等。

（2）实施监督检查。监督检查兼顾不同类型的用人单位，突出重点行业、重点企业、重点园区等重点检查对象。监督检查一般采用实地抽查的方式进行，实地抽查是随机抽取检查对象，通过听取汇报、查阅资料、走访座谈等形式进行。

（3）督促整改。工会在监督检查中发现用人单位存在违反劳动法律法规问题的，应当及时与用人单位协商，提出整改意见并督促落实。

33 工会如何开展劳动法律监督调查?

（1）调查步骤。工会发现用人单位可能存在违反劳动法律法规行为或者受理有关用人单位违反劳动法律法规行为的投诉举报后，可以进行调查。调查一般依照以下步骤进行：一是确定调查人员。工会应当确定至少2名劳动法律监督员，组成调查组。属于重大监督事项的，上级工会可以派员参与调查。二是现场调查。调查组进行现场调查时应该出示《工会劳动法律监督员证书》。调查组应当听取职工和用人单位意见，询问相关人员，可以查阅、复制与工会劳动法律监督相关的资料，包括用人单位的劳动规章制度、工资表等工资支付凭证、社会保险登记和缴费凭证、考勤表、职工名册、劳动合同和集体合同文本等。三是用人单位确认。调查组可以要求用人单位签章确认有关情况，用人单位拒绝与调查组沟通或拒绝出示有关资料的，调查组应当如实记录相关情况，由县级以上总工会向同级政府有关部门反映，由有关部门对其行为进行处理。

（2）调查方式。调查组可以通过实地检查、台账资料检查、组织座谈会等方式开展调查，调查过程中要认真做好笔录，有条件的还可以进行同步录音录像。调查组进行调查时，应当听取用人单位和职工的意见。根据工作需要，调查组还可以听取企业和企业家联合会、工商业联合会等企业方面代表组织的意见。

（3）调查后的处理。调查组未发现用人单位存在违反劳动法律法规、损害职工合法权益情形的，应当及时终止调查。有投诉举报人的，应当及时通知投诉举报人调查结果。调查组通过调查发现用人单位存在违反劳动法律法规行为的，应当及时代表职工与用人单位进行沟通和协商，明确处理意见，督促用人单位整改。调查组发现用人单位确实存在违反劳动法律法规、职工合法权益受到损害的情形，情节较为严重的，可以向用人单位发出工会劳动法律监督意见书。

34 工会劳动法律监督与劳动保障监察有何区别？

县级以上地方各级人民政府劳动保障行政部门是我国劳动法律的主要行政执法机关，主管本行政区域内的劳动保障监察工作。在我国劳动法律监督体系中，政府部门的劳动执法占有十分重要的位置。劳动保障监察工作坚持以事实为依据，以法律为准绳的原则，体现了政府监督的严肃性和权威性。工会劳动法律监督工作遵循依法规范、客观公正、依靠职工、协调配合的原则，体现了群众性和合作性。劳动保障监察工作要求依照严格的权限和程序进行，而工会劳动法律监督工作则要求灵活多样、及时简便。工会劳动法律监督与劳动保障监察既互相独立又互相依赖，既相互联系又科学分工。工会劳动法律监督组织应当积极主动与劳动保障监察机构建立沟通联系，密切合作，形成相互配合的工作机制，使监督工作取得实效。

GONG HUI CAN YU
LAO DONG ZHENG YI
YU FANG YU CHU LI

第四部分

工会参与劳动争议预防与处理

35 不属于劳动争议的情况有哪些?

根据《最高人民法院关于审理劳动争议案件适用法律问题的解释（一）》规定，下列纠纷不属于劳动争议：①劳动者请求社会保险经办机构发放社会保险金的纠纷；②劳动者与用人单位因住房制度改革产生的公有住房转让纠纷；③劳动者对劳动能力鉴定委员会的伤残等级鉴定结论或者对职业病诊断鉴定委员会的职业病诊断鉴定结论的异议纠纷；④家庭或者个人与家政服务人员之间的纠纷；⑤个体工匠与帮工、学徒之间的纠纷；⑥农村承包经营户与受雇人之间的纠纷。

该规定明确了不属于劳动争议的案件，把劳动争议与行政行为、劳务关系进行了区分：一是社会保险金纠纷的争议主体是劳动者与社会保险经办机构，而不是劳动者与用人单位。二是因住房制度改革发生的公有住房转让的纠纷表面上是劳动者与用人单位之间涉及住房福利的争议矛盾，但实际是公有住房转让，属于产权归属争议，是不动产物权的法律纠纷，不属于劳动争议。三是伤残等级鉴定结论异议纠纷的争议主体是劳动者与劳动能力鉴定委员会，而不是劳动者与用人单位，其争议的焦点是伤残等级鉴定的具体行政行为，不是劳动争议。四是家庭或者个人与家政服务人员之间，个体工匠与帮工和学徒之间，农村承包经营户与受雇人之间的关系不属于劳动关系，应认定为劳务关系。

上述六种情况被明确排除在劳动争议范围之外，不适用《劳动法》调整，不按照劳动争议处理程序进行处理，应分别按照行政争议或民事争议等相关法律规定进行处理。

36 工会参与劳动争议处理有何重要意义？

（1）有利于保护职工的合法权益。目前，我国的劳动争议大部分是由用人单位违反劳动法律法规，侵犯职工合法权益而引发。工会加强劳动争议预防，可以教育和监督用人单位依法用工，使职工的合法权益免受侵害。

（2）有利于企业的健康发展。劳动争议不仅涉及职工切身利益，而且与企业利益密切相关，一旦发生劳动争议，势必影响企业的正常生产经营。工会采取预防措施，可以有效避免矛盾的发生，促进企业的健康发展。

（3）有利于劳动关系的和谐稳定。劳动关系的双方已经存在利益差异，极易产生矛盾，一旦矛盾激化，势必影响劳动关系的和谐稳定。工会采取积极预防措施可以最大限度减少双方的矛盾激化，促进双方关系和谐，维护社会稳定。

（4）有利于减轻当事人的诉讼负担。劳动争议发生后，劳动关系双方往往需要花费时间和精力解决，有的还需要经过较长时间的司法程序，从而增加劳动关系双方特别是职工的精神压力和经济负担。工会通过积极预防，可有效避免劳动争议发生，降低处理成本，减轻职工的负担。

37 工会参与劳动争议处理应遵循哪些原则？

（1）依据事实和法律，及时公正处理。以事实为依据就是要求工会必须深入调查研究，充分搜集证据，在客观事实的基础上参与劳动争议处理。以法律为依据就是要求工会遵循法律法规，既要符合程序法的要求，也要在查明案件情况的基础上正确运用实体法的规定。及时公正处理就是要求工会按照有关法律规定，在法定期限内履行相关职责，公正处理有关劳动争议。

（2）当事人在适用法律上一律平等。当事人在适用法律上一律平等是社会主义法治的基本要求，也是工会处理劳动争议案件时的具体要求。工会在参与劳动争议处理的过程中对劳动争议的双方当事人在适用法律上一律平等。

（3）预防为主，基层为主，调解为主。工会要积极关注在劳动过程中产生的劳动争议，注重做好劳动争议的源头预防和调解工作，把预防和调解工作摆到重要位置，切实加强基层的预防和调解效力，使劳动争议解决在基层，消除在萌芽状态。

（4）尊重当事人申请仲裁和诉讼的权利。工会在参与劳动争议处理的过程中要充分尊重当事人申请仲裁和诉讼的权利。劳动争议发生后，当事人不愿调解、调解不成或者是达成调解协议后不履行的，都可以向劳动争议仲裁委员会申请仲裁；对仲裁裁决不服的，可以向人民法院提起诉讼。工会不得阻碍当事人申请仲裁和诉讼。

（5）坚持劳动争议处理的三方原则。《劳动争议调解仲裁法》明确规定，劳动争议仲裁委员会由劳动行政部门代表、工会代表和企业方面代表组成，这一规定体现了劳动争议仲裁的三方原则，明确了工会在劳动争议仲裁中的地位和职责。同时，《劳动争议调解仲裁法》还规定，县级以上人民政府劳动行政部门会同工会和企业方面代表建立协调劳动关系三方机制，共同研究解决有关劳动争议的重大问题。

38 工会参与劳动争议处理的职责范围包括哪些？

（1）参与劳动法律法规、规范性文件和政策的制定；研究劳动争议的现状及发展趋势，提出工会参与劳动争议处理的政策性意见。

（2）制定工会系统参与劳动争议预防与处理的制度、办法和规定，建立健全劳动争议调解的组织机构，开展劳动争议的预防、调解和仲裁工作。

（3）对严重侵犯工会和职工合法权益的重大劳动争议案件进行调查并提出处理意见，提请有关部门加以查处和纠正。

（4）参加并主持劳动争议的调解工作。企业劳动争议调解委员会由职工代表和企业代表组成。职工代表由工会成员担任或者由全体职工推举产生；企业劳动争议调解委员会主任由工会成员或者双方推举的人员担任。

（5）参加劳动争议仲裁委员会的工作，对具体劳动争议案件进行仲裁。

（6）职工不服劳动争议仲裁委员会的裁决，向人民法院提起诉讼时，工会应当提供相应的法律服务，对符合条件的职工给予法律援助。

39 工会如何在劳动争议处理中发挥作用？

（1）参与劳动争议协商。劳动争议协商是指劳动争议双方当事人就协调劳动关系、解决劳动争议进行商谈的行为。劳动争议发生后，工会可以接受职工及用人单位的请求参与协商，促进争议的解决。工会也应主动参与劳动争议的协商，及时化解双方当事人的矛盾。双方当事人经协商达成协议的，工会应当督促其自觉履行。

（2）主持企业劳动争议的调解。按照规定，工会主持调解企业劳动争议。工会代表担任企业劳动争议调解委员会主任，主持企业劳动争议调解委员会工作，依法调解本单位发生的劳动争议。

（3）参与劳动争议仲裁。《工会法》第二十九条规定，地方劳动争议仲裁组织应当有同级工会代表参加。劳动争议仲裁委员会的工会代表依法履行职责，积极参与本地劳动争议仲裁工作的开展；劳动争议仲裁委员会聘请依法取得仲裁员资格的工会工作者为兼职仲裁员，在执行仲裁公务时与专职仲裁员享有同等权利。

（4）代理职工参与劳动争议诉讼。依据《工会法》规定，企事业单位侵犯职工劳动权益时，工会有权代表职工进行交涉，要求企事业单位予以改正，直至请求当地人民政府处理。职工申请劳动争议仲裁或者向人民法院提起诉讼的，工会应当给予支持和帮助。工会法律服务机构应在劳动争议处理中承担法律咨询、代写法律文书等职责，为职工排忧解难。工会法律服务机构可以接受职工当事人的委托，代理职工参与劳动争议诉讼。

40 工会如何参与劳动争议协商工作？

（1）接受职工的投诉，就如何解决争议与用人单位交涉、协商，提出处理意见，促使劳动争议在较短时间、较小范围内得到较为圆满的解决。

（2）主动参与劳动争议协商。工会通过信息反馈制度发现有劳动争议的情况后，主动介入，自觉代表职工与用人单位进行协商，使争议及时解决。

（3）通过企业建立的协商会议和平等协商制度进行协商。对发生的劳动争议特别是集体合同争议，工会应当及时与用人单位沟通情况，召开协商会议，对具体争议进行分析，提出可行性处理意见，共商解决办法，并对争议的预防达成共识，作出具体规定。

除此之外，工会还应督促履行和解协议。和解协议是劳动争议双方当事人在平等、自愿、协商一致的基础上，就妥善解决矛盾作出的双方共同遵守执行的和解承诺。和解协议对双方当事人均具有行为约束力，当事人都应当自觉履行。工会应做好督促、落实工作，保证双方当事人全面正确履行和解协议。职工与用人单位因签订或履行集体合同发生争议，经协商后达成的《协调处理的协议书》对用人单位和职工均具有法律约束力，双方应共同遵守。

41 工会在劳动争议调解中有哪些职责？

（1）督促、帮助企业依法建立劳动争议调解委员会。企业劳动争议调解委员会是企业设立的调解本企业内部劳动争议的调解组织。调解委员会由职工代表和企业代表组成。职工代表由工会成员担任或者由全体职工推举产生，企业代表由企业负责人指定。调解委员会主任由工会成员或者双方推举的人员担任。调解委员会组成人员的具体人数由双方协商确定，双方人数应当对等。女职工人数较多的企业，调解委员会成员中应当有女职工代表。企业工会应当主动就设立劳动争议调解委员会与企业协商，达成共识，并帮助解决设立过程中的具体问题。上级工会要与企业工会密切配合，督促企业依法建立劳动争议调解委员会，积极开展调解和预防工作。

（2）主持并参加劳动争议调解委员会工作。工会对调解委员无法决定是否受理的调解申请作出决定；对与受理的劳动争议有利害关系的调解委员作出回避决定；指派调解委员独任调解劳动争议。工会还可以主持召开调解委员会议，研究确定调解方案；召集由调解委员、劳动争议双方当事人参加的调解会议，依法主持调解。工会制定调解工作制度，进行规范化调解；组织调解人员培训，提高调解人员的能力和水平；组织调解委员会开展劳动法律法规宣传教育、劳动争议预防等工作。

（3）推动建立区域性、行业性劳动争议调解组织。区域性、行业性劳动争议调解组织一般设在小型企业和劳动争议多发的区域、行业，主要由同级地方或产业工会、劳动保障行政部门、用人单位代表组织按照“三方原则”组成，有的还吸收司法和行政等部门参加。劳动争议调解组织负责调解本区域和本行业内未建立劳动争议调解委员会的企业所发生的劳动争议、跨企业的劳动争议以及劳动争议调解委员会难以调解的劳动争议，并指导基层劳动争议调解工作。区域性、行业性劳动争议调解组织的设立扩大了调解工作的覆盖面，加强了调解的权威性和公信度，使得调解成效较为显著。

42 工会在劳动争议仲裁中有哪些职责？

（1）担任劳动争议仲裁委员会成员，参与处理所辖劳动争议案件。工会代表参加劳动争议仲裁委员会有利于劳动争议仲裁委员会听取工会意见，发挥工会协调劳动关系的作用。工会代表作为仲裁委员会成员依法履行下列职责：参加仲裁委员会会议；对仲裁裁决意见行使表决权；参与研究处理有重大影响和仲裁庭提交的疑难案件；参与审查、批准案情复杂、需要延期处理的案件；对应当受理而未受理的案件有权提请仲裁委员会受理；对已经发生法律效力的仲裁裁决发现确有错误，需要重新处理的，有权要求仲裁委员会主任提交仲裁委员会重新处理等。

（2）应聘担任兼职仲裁员，办理劳动争议案件。根据《劳动争议调解仲裁法》规定，具有法律知识、从事工会工作满五年的人员可以担任仲裁员。《劳动人事争议仲裁组织规则》明确规定，仲裁委员会可以依法聘任一定数量的专职仲裁员，也可以根据办案工作需要，依法从人力资源和社会保障行政部门、军队、工会、企业组织等相关机构的人员以及专家、学者、律师中聘任兼职仲裁员。工会工作者被聘为兼职仲裁员的（以下简称为“工会兼职仲裁员”），所在单位应当给予支持。工会兼职仲裁员在执行仲裁公务时与专职仲裁员享有同等权利。

工会兼职仲裁员可通过参加仲裁庭办理劳动争议案件，仲裁庭由1名首席仲裁员、2名仲裁员组成，经仲裁委员会指定可担任首席仲裁员，也可经指定或当事人选定担任仲裁员。经仲裁委员会指定，对事实清楚、情节简单，适用法律明确，比较容易处理的案件，工会兼职仲裁员可独自承办。工会兼职仲裁员也可在仲裁委员会设立在工会的派出仲裁庭中从事专职办案工作。

43 工会在劳动争议诉讼中有哪些职责？

（1）支持帮助职工当事人起诉。工会在参与处理劳动争议时，支持帮助职工当事人提起诉讼是《工会法》赋予工会的一项重要职责。工会应当根据案情，支持和帮助权益受到侵害的职工当事人依法行使诉讼权利。起诉权是公民的基本权利，职工合法权益受到侵害或者不服仲裁裁决时，有权向人民法院起诉。

由于职工与用人单位存在隶属关系，处于弱者地位，往往因为害怕不敢行使、不善于行使诉讼权利，错过解决争议的有利时机。工会给予职工法律帮助，有利于案件依法及时地解决，维护职工的切身利益。

（2）接受职工当事人委托担任诉讼代理人。根据《民事诉讼法》的规定，职工当事人可以委托律师或者其他人代理其参加诉讼活动；职工当事人对仲裁委员会的书面裁决、决定或者通知不服的，可以自收到裁决、决定、通知之日起15日内，向用人单位所在地或者劳动合同履行地的人民法院提起诉讼。工会可以接受职工当事人的委托，代理其参加诉讼活动。职工当事人委托工会作代理人应当提交授权委托书，工会在授权范围内代理诉讼。

（3）督促生效法律文书的履行。劳动争议当事人对人民法院生效的判决、裁定、调解书以及劳动争议仲裁裁决书和仲裁调解书必须履行。一方到期不履行的，对方当事人可以向人民法院申请强制执行。工会也可以帮助职工当事人向人民法院提出申请，请求人民法院予以强制执行。人民法院在收到申请执行书后的10日内发出执行通知，责令被执行人履行义务。劳动争议案件的执行标的包括：①职工工资、其他劳动报酬和津贴；②职工社会保险待遇和其他福利待遇；③用人单位或职工违反劳动合同和其他法律、法规、政策给对方造成的经济损失和经济补偿及必须履行的行为等。

职工当事人胜诉的案件，工会应督促用人单位依法履行，并会同政府有关部门对用人单位规章制度的不合理、不合法、不健全之处提出建议，提高用人单位依法用工、依法管理的自觉性，并制定相应措施，防止争议再度发生。职工当事人败诉的案件，工会应分不同情况处理。职工当事人确有错误而败诉的，工会应当说服其接受司法审判结果，自觉履行生效法律文书。工会认为生效判决或裁定有异议的，支持职工当事人依法提出申诉。

44 基层工会如何预防劳动争议的发生？

（1）参与劳动制度制定，开展劳动法治宣传教育。基层工会参与劳动制度的制定，如参与制定工资支付、劳动合同、工伤保险等制度，可以从源头有效预防劳动争议的发生。工会可通过劳动法律法规教育，如举办法律知识竞赛、开展法律咨询日活动、举办法治教育讲座、开展送法下基层活动等方式，提高用人单位和劳动者的劳动法律意识和劳动法治观念，做到自觉遵纪守法，避免劳动争议发生。

（2）参与劳动法律法规执法检查，履行社会监督职能。工会应针对劳动执法中的突出问题，积极参与政府劳动保障等部门的联合执法检查，通过多方联动，履行工会劳动法律监督的职能，督促用人单位及时纠正劳动用工管理中的问题，使劳动法律法规得以贯彻落实，从而遏制劳动争议发生。

（3）建立平等协商和集体合同制度。企业工会可以就涉及职工的切身利益等事项，与用人单位定期或者不定期商谈，以便达成共识，使矛盾和问题及时得到解决，预防劳动争议的发生。双方在平等协商的基础上，通过签订集体合同，把职工和企业可能发生的矛盾，转化为工会与企业需要协商解决的问题，防止可能发生的劳动争议。

（4）建立健全用人单位民主管理制度。工会可通过参与企业规章制度的制定，影响涉及职工切身利益的重大决策。在公司制企业中，职工董事和职工监事直接参与企业的重大决策和监督，从源头上预防劳动争议的发生。工会可通过职工代表意见会、对话会等制度加强双方的沟通和协调，防止劳动争议发生。

（5）督促企业构建有效防范劳动争议的内部机制。企业建立职工参与或影响决策的管理机制，创造和谐的工作气氛，为职工创造良好的工作、生活、学习环境，畅通员工诉求及沟通的渠道。工会要督促企业建立健全企业劳动争议调解委员会，通过推行企业内部的调解制度，尽可能最大限度减少劳动争议。

（6）帮助和指导劳动者签订劳动合同。工会应参与用人单位劳动合同文本的制定，针对职工对劳动法律法规缺乏了解和自我保护能力较弱的情况，认真帮助和指导职工与用人单位签订或者续签劳动合同，避免劳动争议的发生。

（7）建立健全基层工会劳动争议预警机制。工会应整合资源，建立企业工会劳动争议信息员制度，推动劳动关系三方信息协调制度以及三方共同负责、自下而上的劳动争议预警机制的建立，通过预测、预审、预报和预防等措施有效排查和化解纠纷隐患。工会对可能引发群体性事件的重大问题及时报上级工会和有关部门。

45 基层工会如何建立健全劳动争议预警机制?

基层工会劳动争议预警机制是基层工会组织运用预测、预审、预报、预防等措施及时掌握产生劳动关系矛盾的原因，有效化解劳动争议，加强职工法律意识，主动维护职工合法权益，及时处理各类突发事件的工作机制。

（1）组织领导。劳动争议预警委员会在同级党委和上级工会的领导下，全面负责本系统、本单位的工会劳动争议预警机制的建立、运行和实施。劳动争议预警委员会的主任由基层工会主席担任，是基层工会劳动争议预警机制的责任人。基层工会组织应动员劳动法律监督员、劳动争议调解员、法律咨询员、信访接待员发挥作用，成为劳动争议预警机制的骨干力量。劳动争议预警委员需要主动与本单位的行政领导和职能部门经常沟通情况、研究问题，共同推进劳动争议预警机制的建立、运行和完善。

（2）预测。预测是劳动争议预警机制的首要环节。预测是通过调查研究、收集信息和科学分析，准确地把握劳动争议的重点和难点问题。主要内容应包括：①法律法规、部门规章及地方性政策、法规的出台而导致在利益关系调整中引发的热点和难点；②企业转制、改制、结构调整和关闭破产，职工下岗分流过程中涉及职工所关心的就业、分配、社会保障和民主权利等方面的矛盾；③对可能发生的职工集体上访、罢工等突发性群体事件进行分析和预测，找出引发不稳定情况的因素；④定期分析某一阶段劳动争议的突出矛盾和主要特点。

（3）预审。预审是劳动争议预警机制的关键环节。预审是对涉及职工切身利益的集体合同，单位转制、改制，结构调整，破产关闭，下岗分流等方案进行法律法规、政策性的审核过程。通过审核确定上述方案的内容和程序是否符合法律和政策，防止职工的合法权益受到侵害。预审要严格规范，预审的主要形式是平等协商，职代会、工会参与企业改革领导小组等机构或工会的法律咨询机构提前介入企业改革政策的制定和论证。

（4）预报。预报是下级工会向上级工会反映本单位容易引发集体劳动争议、集体上访等不稳定因素的重要环节。通过预报，上级工会及时掌握劳动关系的现状和发展趋势以采取相应对策。预报要及时、准确，凡本单位出现导致劳动关系紧张或可能诱发的不稳定因素，劳动争议预警委员会主任作为责任人必须向上级工会报告。

（5）预防。预防是工会运用法律武器通过疏导、调解、援助等方法化解矛盾、确保稳定的环节。预防要标本兼治，要结合普法规划，经常对职工和用人单位开展法治宣传教育、法律咨询等活动，提高职工和经营者的法治意识。

46 处理劳动争议的方式主要有哪些?

（1）协商。协商是指在劳动者和用人单位因实现劳动权利、履行劳动义务而发生争议后，双方当事人就解决争议、化解矛盾、协调劳动关系共同进行商谈，以便达成和解协议的行为。经协商所达成的和解协议是当事人的共同意志，双方应当认真履行。协商主要适用于简单的劳动争议，不是处理所有劳动争议的法定必经程序，当事人可以选择协商，也可以选择调解或者仲裁等方式，但是集体合同争议的协商则是法定必经程序。

（2）调解。调解是指在劳动争议处理机构的主持下，依照法律法规和政策规定，在查明事实的基础上，通过说服引导，劝说争议双方当事人互谅互让，达成协议，从而解决争议的活动。当发生劳动争议时，当事人可以到企业劳动争议调解委员会、依法设立的基层人民调解组织或者在乡镇、街道设立的具有劳动争议调解职能的组织申请调解。调解协议书由双方当事人签名或者盖章，经调解员签名并加盖调解组织的印章后生效。

盖章生效后的调解协议对双方当事人具有约束力，当事人应当履行。

（3）仲裁。仲裁是指劳动争议仲裁委员会根据当事人的申请，遵循法律规定的原则和程序，对劳动关系双方发生的劳动争议进行调解和裁决的一项劳动法律制度。发生劳动争议的主体可以提出仲裁申请，劳动争议仲裁委员会在受理案件后，经过开庭审理确定事实后，应先进行调解，调解不成或双方不愿进行调解的，可以作出仲裁裁决，该裁决具有强制性。劳动争议仲裁委员会作出裁决后，当事人双方未在法定期限内向法院起诉，则裁决生效，当事人必须履行，如一方不履行仲裁裁决，另一方可以请求法院强制执行。

（4）诉讼。诉讼是指当事人不服劳动争议仲裁裁决的、劳动争议仲裁委员会不予受理或者逾期未作出决定的，当事人可以在法定期限内就该劳动争议向法院起诉，法院依法进行审理和判决的活动。目前，我国劳动争议诉讼案件由法院依照《民事诉讼法》的规定进行审理，实行两审终审制。

47 工会在参加集体合同争议诉讼中有哪些职责？

集体合同争议是集体合同当事人对合同内容、履行情况产生的争议。《劳动法》规定，因签订集体合同发生争议，当事人协商解决不成的，当地政府的劳动行政部门可以组织有关各方协调处理，即组织同级工会代表、企业方的代表及其他相关部门的代表共同进行。当事人因履行集体合同发生争议，协商解决不成的，可以向劳动争议仲裁委员会申请仲裁，对仲裁裁决不服的，可以自收到仲裁裁决书之日起 15 日内向人民法院提起诉讼。《工会法》第二十一条明确规定，因履行集体合同发生争议，经协商解决不成的，工会可以向劳动争议仲裁机构提请仲裁；仲裁机构不予受理或者对仲裁裁决不服的，可以向人民法院提起诉讼。发生在集体合同不同阶段的争议，处理的程序是不同的，产生的法律后果也是不同的，工会在参与处理争议中的地位和作用也是不同的。

集体合同争议与一般劳动争议不同，集体合同争议的诉讼主体一方为工会，另一方为用人单位。诉讼的内容是应当履行的对用人单位及其所属全体职工都有约束力的劳动标准和劳动条件等。这里所说的工会不仅指用人单位工会，还包括上级工会。在诉讼过程中，用人单位工会需要上级工会支持和帮助的，上级工会应当提供法律帮助，依法代表其参加诉讼活动。

GONG HUI FA LÜ YUAN ZHU

第五部分

工会法律援助

48 为何要开展工会法律援助工作?

（1）有利于解决职工的现实问题。很多职工对劳动法律的实体规范与程序规范不太熟悉，对维权的技巧和注意事项更是知之甚少，一旦发生劳动争议，自我保护能力弱，依法维权难度大，处于明显的弱势地位。部分职工又没有经济能力聘请律师，急需工会组织的法律援助。

（2）有利于提高职工的维权能力。职工需要法律援助是由于自身维权能力的薄弱。工会在为职工提供法律援助的同时，更要对其进行法律教育，增强劳动权益的维护意识，提高职工利用法律手段解决劳动纠纷的能力，从而降低自身维权成本，同时可以减少工会法律援助的介入，节约工会法律援助资源。

（3）有利于化解劳动关系矛盾。工会法律援助有助于构建和发展和谐稳定的劳动关系，维护社会稳定，促进社会发展。

49 工会法律援助的职责范围包括哪些方面?

（1）劳动争议案件。劳动争议双方当事人在发生劳动争议后可以通过协商、调解、仲裁、诉讼等途径加以解决。职工当事人可以向工会法律援助机构提出申请，请求给予法律援助。

（2）因劳动权益涉及的职工人身权、民主权、财产权受到侵犯的案件。此种情况主要包括用人单位以暴力、威胁和非法限制人身自由的手段强迫职工劳动；用人单位侮辱、体罚、殴打、非法搜查和拘禁职工；非法剥夺职工的民主选举权或被选举权；采取强迫集资等方式侵犯职工的财产权等。

（3）工会工作者因履行职责而合法权益受到侵犯的案件。此种情况主要包括用人单位对依法履行职责的工会工作者无正当理由调动工作岗位、解除劳动合同，进行打击报复；阻挠工会工作开展，并对依法履行职责的工会工作者进行侮辱、诽谤或人身伤害。

（4）工会组织的合法权益受到侵犯的案件。此种情况主要包括用人单位无正当理由拖延或拒不依法拨缴工会经费；以暴力、威胁等手段阻挠上级工会帮助指导职工筹建企业工会；妨碍工会组织、职工通过职代会或其他形式依法行使民主权利；非法撤销或合并工会组织，妨碍工会参加职工因工伤亡事故以及其他侵犯职工合法权益问题的调查处理；无正当理由拒绝工会进行平等协商的要求；侵占工会经费和财产拒不返还等。

（5）工会认为需要提供法律援助的其他事项。其他事项主要包括通过信息渠道反映的侵犯职工、工会工作者、工会组织合法权益的典型侵权案件；群体性劳动关系矛盾突然爆发；工会认为需要向职工、工会工作者和工会组织提供紧急法律援助的情况。

50 工会法律援助的对象和条件有哪些?

工会法律援助的对象包括职工、工会工作者和工会组织。职工符合下列条件之一的，可以向工会法律援助机构申请法律援助：一是为保障自身合法权益需要工会法律援助，本人及其家庭经济状况符合当地工会提供法律援助的经济困难标准。二是未达到工会提供法律援助的经济困难标准，但有证据证明本人的合法权益被严重侵害，需要工会提供法律援助。农民工因请求支付劳动报酬或者工伤赔偿申请法律援助的，不受本办法规定的经济困难条件的限制。

有些地方工会明确规定了工会法律援助的重点服务对象，为其提供“零门槛”援助服务。比如，上海市总工会的重点服务对象主要包括：①职工本人及其家庭经济状况符合政府提供法律援助经济困难标准的（本市城乡低收入家庭人均可支配收入标准）；②职工本人月平均收入不超过本市最低工资标准 1.5 倍的；③持有本市有效工会会员服务卡的；④农民工请求支付劳动报酬、工伤赔偿的；⑤涉及职工十人以上的群体性纠纷的；⑥工会干部因履行工会职责合法权益受侵害的。工会对家政、快递等行业以及部分“互联网 +”劳务用工模式中的劳动者，在其从事本职工作过程中合法权益遭受侵害、确有维权需求的，试点开展法律维权服务，逐步扩大工会维权服务范围。所谓“零门槛”援助服务是针对职工合法劳动权益诉求提供的无偿的职工维权服务，职工在合法劳动权益受到侵害时，可以申请无偿的“法律咨询”“代写法律文书”“参与协商、调解”“代理仲裁、诉讼”等法律援助服务。

51 工会法律援助的形式和程序包括哪些?

工会法律援助有普及法律知识，提供法律咨询，代写法律文书，参与协商、调解，仲裁和诉讼代理等形式。工会法律援助的程序是：

（1）申请。职工申请法律援助应当向劳动合同履行地或用人单位所在地的工会法律援助机构提出。工会工作者和工会组织申请工会法律援助应当向侵权行为地或者用人单位所在地的工会法律援助机构提出。职工申请工会法律援助机构代理劳动争议仲裁、诉讼等法律服务，应当以书面形式提出，并提交身份证、工作证或者有关身份证明、所在单位工会或者地方工会（含乡镇、街道、开发区等工会）出具的申请人经济困难状况的证明、法律援助事项相关的材料和工会法律援助机构认为需要提供的其他材料。提交书面申请确有困难的，可以口头申请。工会法律援助机构应当当场记录申请人基本情况、申请事项、理由和时间，并经本人签字。工会工作者、工会组织申请工会法律援助机构参与协商、调解，代理仲裁、诉讼等法律服务的，应当以书面形式提出，并分别提交工会工作者所在单位工会或者工会组织所在地方工会出具的情况证明或说明、法律援助事项相关的材料和工会法律援助机构认为需要提供的其他材料。

（2）受理审查。工会法律援助机构自收到申请之日起 7 日内按规定的条件进行审查。对符合条件的申请由工会法律援助机构负责人签署意见，作出同意提供法律援助的书面决定，指派法律援助承办人员，并通知申请人。申请人提交的证件、证明材料不齐全的，工会法律援助机构应当要求申请人作出必要的补充或者说明，申请人未按要求作出补充或者说明的，视为撤销申请。对不符合条件的，作出不予提供法律援助的决定，以口头或者书面形式通知申请人。

（3）办理结案。工会法律援助机构对法律咨询、代写法律文书等法律服务事项应当即时办理；复杂疑难的可以预约择时办理。法律援助承办人员接受工会法律援助机构的管理和监督，依法承办法律援助机构指定的援助事项，维护职工合法权益。法律援助承办人员在援助事项结案后，应当向工会法律援助机构提交结案报告。工会法律援助机构应当按规定向承办人员支付法律援助办案补贴。

52 工会公职律师应当履行哪些职责？

（1）接受所在工会指派，参与规范性文件的起草和修改工作，为所在工会的重大决策提供法律意见和建议。

（2）为工会参与法律、法规、规章和其他规范性文件的制定、修改提出意见和建议。

（3）接受所在工会指派，参与相关法律法规的监督检查活动，参与违法事件的调查处理工作。

（4）接受指派或委托，参与工会与用人单位进行的平等协商和签订集体合同工作，参与工会的法律事务谈判、法律文件签订等工作。

（5）接受指派或委托，调查处理相关法律事务，代理职工、工会干部和工会组织参加有关案件的调解、仲裁和诉讼活动。

（6）为符合工会法律援助条件的职工和工会干部提供法律援助。

（7）为职工、工会干部和工会组织提供法律咨询等法律服务。

（8）承办所在工会交办的其他法律事务。

53 工会公职律师的任职条件有哪些?

（1）工会工作者担任公职律师的条件：①具有中华人民共和国律师资格或法律职业资格；②县级以上工会的正式工作人员；③年度考核均为称职或称职以上等次；④经工会法律工作部门（没有工会法律工作部门的，由工会综合部门负责，下同）资质和业务审查合格。

（2）社会人士担任工会公职律师的条件：①具有中华人民

共和国律师资格或法律职业资格；②受聘于县级以上工会、从事法律事务的专门人员；③经工会法律工作部门资质和业务审查合格。

54 工会公职律师享有的权利和履行的义务有哪些？

（1）工会公职律师的权利：①在执业活动中享有依法调查取证、查阅案件材料等执业权利；②加入律师协会，享有会员权利；③参加律师职称评定；④参加工会法律专业培训和律师协会相关业务培训；⑤因调动、辞职、退休等原因不再履行公职律师职责的，可以按照换发证件规定程序，直接转为社会律师。担任公职律师的执业经历计入执业年限。

（2）工会公职律师的义务：①遵守《律师法》及相关法律法规，遵守职业道德和执业纪律，遵守工会的各项规章制度；②接受所在工会法律工作部门的执业管理，以公职律师身份对外参加活动的，需经工会法律工作部门的批准；③接受所在地司法行政机关的资质管理、业务指导和监督；不得以公职律师身份办理职责范围以外的诉讼与非诉讼法律事务，不得从事有偿法律服务，不得在律师事务所、法律服务所从事兼职活动；④参加工会法律工作部门、律师协会开展的职业道德和执业纪律教育培训。

55 工会法律顾问的工作职责是什么?

（1）参与工会重大决策的法律论证，提供法律服务。

（2）为工会参与研究制定法律法规草案等提供法律咨询意见。

（3）对工会重要规范性文件的制定提供法律服务。

（4）就工会工作中所涉及的重大法律问题提供法律服务。

（5）参与工会组织的理论学习中有关法律知识的授课。

（6）对工会对外签订的各类合同进行审查把关。

（7）协助工会做好对法律援助和集体协商工作的服务、指导。

（8）办理工会交办的其他法律事务。

GONG HUI FA ZHI XUAN CHUAN JIAO YU

第六部分

工会法治宣传教育

56 工会法治宣传教育的职责范围和形式主要有哪些？

工会法治宣传教育是指工会组织在工会系统内按照国家的普法规划，对职工和工会组织进行法治宣传和普及教育的各种活动。法治宣传教育是工会宣传教育的一项重要内容。

（1）工会法治宣传教育的职责。①按照全国普法办公室的要求，开展工会系统的普法工作，并对普法工作分级进行检查验收。②对工会干部和工会工作者进行经常性、专向性的法律培训。③对工会劳动争议调解员、工会劳动争议兼职仲裁员、工会劳动法律监督员、工会劳动保障监督员等进行培训。④通过多种途径和方式、利用舆论宣传进行具体事例和个案的法治宣传教育工作。

（2）工会法治宣传教育的形式。工会法治宣传教育的形式多种多样，如举办法律培训班、法律学习班、法律研讨班、法律宣传演唱会等，运用网络、微信、微博、移动客户端等新媒体进行法治宣传教育。各级工会可以根据各自的实际情况采取恰当的宣传教育方式，以职工群众喜闻乐见的形式，用以案说法的生动方式送法到企业，送法到车间和班组，提升法治宣传教育效果。

57 工会法治宣传教育的主要内容有哪些?

（1）突出学习宣传宪法。坚持把学习宣传宪法摆在首要位置，在广大工会工作者和职工群众中普遍开展宪法教育，弘扬宪法精神，树立宪法权威。深入宣传依宪治国、依宪执政理念，宣传党的领导是宪法实施的最根本保证，宣传宪法确立的国家根本制度、根本任务和我国的国体、政体，宣传公民的基本权利和义务等宪法基本内容，宣传宪法的实施和宪法宣誓制度，组织好在国家宪法日集中宣传的活动，不断增强工会工作者和职工群众的宪法意识、公民意识、爱国意识、国家安全统一意识和民主法治意识。

（2）全面学习宣传中国特色社会主义法律体系。全面学习宣传《民商法》《经济法》《社会法》《诉讼与非诉讼程序法》等方面的法律。学习宣传维护国家安全、社会稳定、促进民族团结的相关法律法规，树立总体国家安全观，维护社会大局稳定；学习宣传社会治安综合治理、农民工服务和管理、突发事件应急管理、保密管理等相关法律法规，提高工会参与社会管理的水平；学习宣传调解、仲裁和诉讼等相关法律法规，引导职工依法理性表达利益诉求和维护自身合法权益，依法化解劳动关系矛盾和劳动争议。工会法治宣传教育在宣传法律知识的同时，也要注重弘扬法治精神、培育法治理念、树立法治意识。

（3）深入学习宣传保障职工和工会组织权益的法律法规。

工会着眼于维护职工合法权益，发展和谐劳动关系，深入开展《劳动法》《劳动合同法》《劳动争议调解仲裁法》《社会保险法》《安全生产法》《职业病防治法》《女职工劳动保护特别规定》等涉及职工切身利益的法律法规的宣传；着眼于推进工会改革试点和工会工作法治化建设，深入开展《工会法》《中国工会章程》《集体合同规定》《工资集体协商试行办法》《企业民主管理规定》等法律法规、规章及规范性文件的宣传教育；着眼于推动健全、完善和保障职工和工会组织权益的法律法规体系，广泛组织职工积极参与法律、法规和规章的修改和制定。

（4）努力推进职工法律文化建设。工会积极发挥传统文化、地方特色文化的教育、宣传功能，以多种艺术形式为载体，打造贴近实际、贴近生活、贴近职工的法治教育精品；鼓励支持职工艺术团、职工文艺队等文化团体参与职工法律文化建设，积极探索法治宣传教育新途径；精心组织编写、出版符合职工特别是农民工实际需求的法治音像、书刊、宣传画；发挥互联网等现代传媒在职工法律文化建设中的优势，构筑以新闻媒体为主渠道的多元化、广覆盖的法治宣传体系，形成特色鲜明、效果突出的职工法律文化氛围。

（5）深入推进各种法治宣传教育主题实践活动。工会立足于公民法律意识的提升，大力开展“法律进乡村、进学校”活动，提高农民工和大学生对工会组织的认识；立足于预防和及时化解社会矛盾，维护社会稳定，大力开展“法律进社区”活动，做好劳动争议预防和调解；立足于增强职工法律素质，大力开展“法律进企业、进单位”活动，促进劳动关系和谐稳定。

工会还要利用宣传月、宣传周、纪念日等活动形式，广泛开展以提高职工法律知识水平为目的的各种法治宣传教育主题活动，营造良好的学法守法用法氛围。

58 工会法治宣传教育的组织机构包括哪些？

（1）工会普法办公室。设在全国总工会法律工作部的工会普法办公室的职责之一是负责工会干部法律知识的培训工作，对工会法律工作者、工会劳动争议调解员、兼职仲裁员、工会劳动法律监督员队伍进行培训。地方总工会和产业工会的法律工作部门有配合相关部门做好法律工作人员的培训和普法宣传工作的职责。企事业单位工会的法律工作部门也要对工会组织和职工进行法律知识普及与培训和专题法律知识教育。

（2）工会宣传教育部门。工会宣传教育工作有一项重要工作内容是思想政治教育，加强政策形势及民主法治的教育是思想政治教育的组成部分。工会加强职工的思想政治教育需要开展民主和法治教育，普及《宪法》《劳动法》《工会法》《劳动合同法》《劳动争议调解仲裁法》等法律法规，引导职工树立法治观念，坚持依法办事、遵纪守法、依法维权，坚决同一切破坏社会稳定的违法现象做斗争，自觉维护安定团结的大好局面，自觉维护工人阶级队伍的团结稳定。

（3）各级工会组织部门。各级工会组织部门负责工会干部教育培训工作，在教育培训的统筹规划、综合管理、内容设计过程中，把涉及工会以及与职工权益密切相关的法律法规作为重点培训内容，要协调工会干部院校等培训机构开设法治教育课程，加强对工会干部法律素质和依法履职能力的考核。

59 工会法治宣传教育工作的主要方法有哪些?

（1）法律知识培训。全国总工会和各省、自治区、直辖市总工会不定期举办普法骨干培训班，有组织地轮训省、市、县总工会和大企业的工会干部。各地工会结合实际，利用多种形式有计划地对工会干部和工会工作人员进行法律知识培训，推动工会法律知识纳入各级党政领导干部的培训课程，提高工会工作影响力。

（2）发挥工会宣传工具和教育阵地的作用。工会利用传统媒体开辟法治教育专栏，有针对性地刊登法律知识；在电台或者电视台播放法治宣传教育节目；利用文化宫、俱乐部、工会院校等工会资源举办专题讲座、知识竞赛、文艺演出等活动，加大普法宣传的广度和力度，积极地向职工宣传法律知识。工会院校开设法律课程或举办法律知识系列讲座，把法治宣传教育纳入教学计划，并作为重要的教学内容，同时利用微博、微信公众号等新媒体构建全方位、广覆盖的工会法治宣传教育网络。

（3）组织宣传活动。各地工会要结合本地的实际情况有针对性地举办法治图片展览，开展法律知识咨询，组织法律知识竞赛等多种活动，努力创造法治宣传教育的社会氛围。同时各地工会可以利用国家宪法日等契机举办各类法治咨询宣传活动。工会还可以在困难职工帮扶中心、职工维权热线、工会信访机构等平台增加法治宣传教育功能；组织工会公职律师和法律援助志愿者深入一线、深入职工大力宣传法律知识和政策规定，满足职工学法、用法的需求。

（4）编印普法学习资料分发给职工。各级工会要组织专门力量，根据工会干部和职工的特点和需要编写一些普法学习宣传资料，分发给工会干部和职工群众。地方工会还可以开展“送法上门”“送法下基层”“送法进社区”“送法到厂矿”等贴近职工、服务职工、深受职工群众欢迎的活动。

60 对工会干部开展法治宣传教育的重点是什么？

（1）增强法治观念和提高综合法律素质。工会要继续以增强工会干部法律意识和法治观念为重要任务，将学习和掌握必备的法律知识作为对新时代工会干部的基本要求，使各级工会干部牢固树立社会主义法治理念。各级工会干部要加强对中国特色社会主义法律体系的学习实践，不仅要学习一些基本的法律知识，还应当联系工会工作的实际突出重点，把《工会法》《劳动法》《劳动合同法》等有关职工和工会权益的法律法规以及依法行使职权必备的法律知识学深、学透，把法律赋予工会的权利用好、用足，掌握重要的法律基本原则，讲求实效，并在工作实践中加以运用。

（2）建立和完善工会干部学法制度。法治宣传教育作为工会干部教育的重要内容，要把依法建会、依法管会、依法履职、依法维权能力和水平作为综合考核评价工会干部的重要内容。各级工会机关党委和工会法治宣传教育部门每年都要研究制定工会干部学法的具体计划，从内容、课时、学习形式以及检查考核等方面提出具体要求，制定具体措施。各级工会机关党委理论学习中心组每年集中学法次数不应少于两次，并结合新颁布的法律法规和实际工作需要举办工会干部教育专题讲座，同时把法治教育培训列入工会干部培训的整体计划之中，依托工会院校对工会干部进行法治宣传教育；把法律课程作为干部脱产进修培训班的必设课程，并保证法治教育课时的数量，逐步使干部法治教育培训正规化、系统化。

（3）坚持注重实践、学用结合的指导思想。学法、懂法的目的在于实践。工会干部通过学习可进一步提高依法建会、依法管会、依法履职、依法维权和推进工会法治建设的能力。学法和用法是一个辩证的过程，只有在工会工作实践中才能真正学好法律，只有认真学法，才能具备依法维权的能力。因此，工会干部一定要坚持学用结合的原则来提高法律知识水平和依法办事的能力。

GONG HUI FA REN DENG JI GUAN LI

第七部分

工会法人登记管理

61 如何理解工会组织具有法人资格？

法人制度是世界各国规范经济秩序和社会秩序的一项重要法律制度。各国的法人制度具有共同的基本特征，但具体内容不尽相同。法人相对自然人而言，是由法律赋予其人格的，是具有民事权利能力和民事行为能力，依法独立享有民事权利和承担民事义务的组织。通过国家立法，赋予组织法律人格，是法人制度的基本内核。因此，什么样的组织具有或者可以取得法人资格须由法律明确规定。

工会组织是职工自愿结合的工人阶级群众组织，从法律性质上说，工会组织属于社会团体。《民法典》第九十一条规定，社会团体法人应当设会员大会或者会员代表大会等权力机构。社会团体法人应当设理事会等执行机构。从《民法典》的规定来看，设立会员大会或会员代表大会等权力机构，并具有自己的执行机构是成为社会团体法人的必要条件。《工会法》第十条规定，工会各级组织按照民主集中制原则建立。各级工会委员会由会员大会或者会员代表大会民主选举产生。《民法典》和《工会法》在有关法人要求的规定方面是一致的，各级工会组织设有会员大会或会员代表大会（权力机构）并依法选举产生工会委员会（执行机构）。

62 基层工会取得法人资格的意义是什么?

（1）基层工会取得法人资格有利于增强法律意识、责任意识。基层工会取得法人资格，工会主席是工会的法定代表人，可以工会法人名义从事民事活动。工会法定代表人必须按照《工会法》和《中国工会章程》以及工会会员大会的授权行使职权，不得以工会法人名义从事职权范围以外的民事活动。

（2）基层工会取得法人资格有利于工会组织的规范化、法治化建设。基层工会取得法人资格，必须符合《民法典》规定的条件，应当有自己的名称、组织机构、住所、财产或者经费，同时设有会员大会或会员代表大会（权力机构）并依法选举产生工会委员会（执行机构）。这就促使基层工会按照要求规范工会组建，健全组织机构。

（3）基层工会取得法人资格有利于发挥维护职工权益、协调劳动关系的重要作用。基层工会取得法人资格，与用人单位成为平等的民事主体，有利于基层工会代表职工与用人单位进行平等协商，监督用人单位贯彻实施劳动法律法规，为职工提供法律服务。在工会权益受到侵害时，工会可以自己的名义提起诉讼。

（4）基层工会取得法人资格有利于工会经费和资产的保护、管理与使用。基层工会取得法人资格，领取赋有统一社会信用代码的《工会法人资格证书》后，可以开立银行账户，便于工会经费的独立管理和使用，更好地发挥工会作用，也有利于保护工会资产，防止工会资产的流失。

63 哪些工会组织可以取得工会法人资格？

《工会法》第十五条规定，中华全国总工会、地方总工会、产业工会具有社会团体法人资格。基层工会组织具备民法典规定的法人条件的，依法取得社会团体法人资格。《中国工会章程》第二十五条规定，基层工会具备法人条件，依法取得社团法人资格，工会主席为法定代表人。因此，工会组织的法人资格取得分为两种情况：一是中华全国总工会、地方总工会、产业工会的法人资格从成立之日起即自然取得，无须登记。二是符合法定条件的基层工会经登记后依法取得。这里需要强调的是，基层工会取得法人资格不以所在单位是否具有法人资格为条件。基层工会与建立工会的用人单位是各自不同的民事主体，相对独立。

64 开展基层工会法人登记管理工作应遵循哪些原则和要求？

各级工会开展基层工会法人登记管理工作，应当遵循依法依规、公开公正、便捷高效、科学管理的原则。

依法依规是指要依照法律和有关规定开展工作，“法”主要指《民法典》和《工会法》,“规”主要指《中国工会章程》和《基层工会法人登记管理办法》。公开是指登记管理工作要向社会公开。《民法典》明确规定,登记机关应当依法及时公示法人登记的有关信息。《基层工会法人登记管理办法》规定,基层工会申请、变更、注销工会法人资格的,登记管理机关应当依法及时在报刊或网络上发布有关信息,公众可以查询工会法人的有关信息,工会法人接受社会监督。公正是指对不同的基层工会的相同情况都要同样处理,不能区别对待。便捷高效是指开展基层工会法人登记管理工作要以服务基层工会为宗旨,尽量减少基层工会工作人员的时间和其他负担。科学管理是指开展基层工会法人登记管理工作要符合科学合理的要求,科学划分登记管理权限,办理程序和设定规则要科学,努力提升登记管理工作水平,核心是在合法真实有效的前提下尽量提高办事效率。

65 基层工会申请法人资格登记需要具备哪些条件?

(1)依照《工会法》和《中国工会章程》的规定成立。工会组织申请法人登记的一个必备条件就是依法依章成立,即依照《工会法》和《中国工会章程》的规定成立。依法依章成立需要具备的条件主要有:①程序合法。根据《工会法》第十二条规定,基层工会、地方各级总工会、全国或者地方产业工会组织的建立,必须报上一级工会批准。同时根据《中国工会章程》有关规定，工会组织的成立及选举结果要报上一级工会批复。因此基层工会的成立及选举结果必须报上一级工会批准，并得到上级工会的正式批复。②组织形式合法。《工会法》《中国工会章程》中明确的工会组织形式有总工会、工会委员会、工会联合会、联合工会等。县和县以上各级地方总工会委员会根据工作需要可以派出代表机关。工会派出代表机关的主要形式为工会工作委员会或工会办事处等。③组织机构合法。根据《工会法》《中国工会章程》规定，工会各级组织按照民主集中制原则建立。工会基层委员会和经费审查委员会由会员大会或者会员代表大会民主选举产生。

（2）有自己的名称、组织机构和住所。《工会法》《中国工会章程》与全总相关文件中明确的工会组织形式有总工会、工会委员会、工会联合会、联合工会、集团工会以及区域性、行业性工会联合会等名称。工会的住所主要依据《民法典》关于法人成立要件的有关规定。《民法典》第六十三条规定，法人以其主要办事机构所在地为住所。依法需要办理法人登记的，应当将主要办事机构所在地登记为住所。

（3）工会经费来源有保障。工会组织不管有没有经费存量，只要工会经费来源有保障即可。实践中，有关单位的工会组织经上级工会批准正式建立后，有关单位自批准之月起不再向上级工会拨缴工会建会筹备金，而是按每月全部职工工资总额的2%向本单位工会拨缴工会经费，也就是说，只有在上级工会正式批复成立后，有关单位的工会组织才有工会经费。自国家统一社会信用代码制度实施以来，基层工会法人资格证书加载统一社会信用代码，没有法人资格证书就没有统一社会信用代码，基层工会也就无法在银行开户，也没有办法管理经费。所以，规定“工会经费来源有保障”符合现实情况。因此，新建工会组织（成立时间不满一年）的申请单位在填写工会法人资格登记申请表中，免予经费资产自查，由工会主席签名承诺经费来源有保障即可。

66 基层工会申请法人资格登记应当提交哪些材料?

基层工会申请工会法人资格登记应当向登记管理机关提交下列材料：

（1）工会法人资格登记申请表。与以往规定相比，此申请表主要有以下三点变化：一是区分基层工会是否新建；二是对新建工会（成立时间不满一年），免予经费资产自查，由工会主席承诺经费来源有保障；三是增加了经办人信息。

（2）上级工会的正式批复文件。《工会法》第十二条规定，基层工会、地方各级总工会、全国或者地方产业工会组织的建立，必须报上一级工会批准。《中国工会章程》第二十七条规定，工会基层委员会、常务委员会和主席、副主席以及经费审查委员会的选举结果，报上一级工会批准。可见，上级工会的批复文件应该包括批复同意成立工会（筹备组）文件或换届的文件以及批复同意选举结果的文件。

（3）其他需要提交的证明、文件。

67 基层工会申请变更登记需要注意哪些事项?

《民法典》第六十四条明确规定，法人存续期间登记事项发生变化的，应当依法向登记机关申请变更登记。依法登记成立的法人在取得法人资格的同时，其在登记机关登记的事项亦产生对外公示的效力。这些登记的事项在法人的运行过程中可能会发生变化，如果不及时到登记机关办理变更登记，就会出现对外公示的登记信息和法人的实际信息不一致的情况，从而危及交易安全和交往安全。

法人的登记事项是与其基本存在的条件有重大关系的事项，如组织形式、目的范围、注册资本、法定代表人等。根据《社会团体登记管理条例》明确规定，社会团体法人的登记事项包括名称、住所、宗旨、业务范围、活动地域、法定代表人、活动资金和业务主管单位。根据《工会法》《中国工会章程》对工会的组织形式、性质、宗旨、经费等的明确规定，工会法人只有工会名称、住所、法定代表人可能发生变化，所以工会法人登记变更事项只包括工会组织的名称、住所和法定代表人。

《基层工会法人登记管理办法》对工会法人在其登记事项发生变化后应当办理变更登记的时限进行了规定，要求自变更之日起三十日内到登记管理机关申请办理变更登记手续，提交工会法人变更登记表及相关证明文件。根据有关法律规定，工会法人不及时办理变更登记，法人的实际情况与登记的事项不一致的，不得对抗善意相对人。

68 基层工会申请注销登记需要注意哪些事项?

（1）工会组织依法撤销的应当申请注销登记。《工会法》第十三条明确规定，任何组织和个人不得随意撤销、合并工会组织。基层工会所在的用人单位终止或者被撤销，该工会组织相应撤销，并报告上一级工会。《中国工会章程》第十六条规定，成立或撤销工会组织，必须经会员大会或者会员代表大会通过，并报上一级工会批准。工会基层组织所在的企业终止，或者所在的事业单位、机关或其他社会组织被撤销，该工会组织相应撤销，并报上级工会备案。其他组织和个人不得随意撤销工会组织，也不得把工会组织的机构撤销、合并或者归属其他工作部门。根据上述规定，基层工会可以申请注销登记的情形，一是所在单位终止或被撤销，基层工会相应撤销。这种情形需要向上一级工会备案。二是经会员大会或者会员代表大会通过，并报上一级工会批准撤销。第二种情况必须报上一级工会批准，需要有上一级工会同意撤销的文件。

（2）基层工会撤销或者解散后的工会资产处理。《中国工会章程》第四十一条规定，工会组织合并，其经费资产归合并后的工会所有；工会组织撤销或者解散，其经费资产由上级工会处置。工会组织合并、撤销、解散的，其资产的产权或者使用权发生了转移，需要根据处置行为的性质不同报上级工会履行报批程序。

（3）基层工会因合并、分立而解散的应当申请注销登记。登记管理机关根据基层工会提交的工会法人注销登记申请表、上级工会同意撤销的文件或向上级工会备案撤销的文件，以及基层工会经费、资产清理及债权债务完结的证明等材料，应当在受理注销登记申请之日起15日内完成审查登记，对审查合格的，登记注销该基层工会，并收回《工会法人资格证书》。

69 如何补发遗失的工会法人资格证书?

《工会法人资格证书》是基层工会从事民事活动不可或缺的法人资格凭证，应当妥善保管。如果基层工会不慎遗失《工会法人资格证书》，应当主动、及时地在报刊或网络上发布公告，声明遗失证书作废，并注明遗失主体、遗失时间、证书名称及编号等详细内容，以防证书被他人盗用或冒用而带来重大损失。同时，为不影响业务工作的正常开展，基层工会应尽快向登记管理机关报告证书的遗失情况，并按规定程序提交《工会法人资格证书》补（换）领申请表、遗失公告和情况说明，经登记管理机关审查批准后补办新证。因为《工会法人资格证书》的补办手续较为复杂，且存在一定法律风险，所以基层工会在日常工作中应指定专人妥善保管证书，避免产生不必要的麻烦。

70 如何处理骗取工会法人资格的行为?

为维护工会法人登记管理制度的规范性和严肃性，确保工会组织领导体制统一和相关主体合法权益不受损害，登记管理机关对于基层工会组织或机构以欺骗方式取得工会法人资格的行为应及时予以调查核实。经调查核实的，登记管理机关应作出撤销登记处置，收回《工会法人资格证书》或统一社会信用代码。基层工会组织或机构以骗取的法人名义从事的民事法律活动自始不受法律认可和保护。

为严把工会法人登记审核关口，防止因虚假申请作出不实登记，登记管理机关在受理申请时应认真审核证明材料，包括文书和证件种类是否齐全、文件内容是否规范、填报信息与实际情况是否相符等。登记管理机关如遇到特殊情况或疑难问题难以鉴定判断的，应及时向知情人员了解情况或与上级工会组织沟通、研究，确定处理办法。

CHANG JIAN YI NAN KUN HUO WEN TI

第八部分

常见疑难困惑问题

71 企业工会干部在任期内劳动合同到期的，企业能否终止劳动合同？

基层工会干部因维护职工合法权益，可能会与用人单位发生矛盾，甚至受到打击报复。《工会法》等法律法规对基层工会主席、副主席或委员的劳动权益保护作了规定：一是当职工被选举为专职的工会主席、副主席或者委员时，其原来与用人单位签订的劳动合同期限自动延长，延长的时间等于其担任专职工会主席、副主席和委员的期限。当专职主席、副主席或者委员任期届满后，原来尚未履行的劳动合同期限继续履行。专职主席、副主席或者委员连选连任后，其劳动合同继续延长。二是经民主选举产生的非专职的工会主席、副主席或者委员，当其尚未履行的劳动合同期限短于工会职务的任期期限时，其劳动合同期限自动延长至任期期满；当其劳动合同期限长于工会职务的任期期限时，则不存在劳动合同期限延长的问题。三是任职期间个人严重过失或者达到法定退休年龄的工会工作者，劳动合同期限不予延长。所谓“个人严重过失”，是指严重违反劳动纪律或者用人单位规章制度的；严重失职，营私舞弊对用人单位利益造成重大损害的；被依法追究刑事责任的。

72 企业工会主席任期内因依法履职被解除劳动合同，能否同时获得赔偿金和经济补偿金？

根据《工会法》的相关规定，工会工作人员因履行本法规定的职责而被解除劳动合同的，由劳动行政部门责令恢复其工作，并补发被解除劳动合同期间应得的报酬，或者责令给予本人年收入二倍的赔偿。最高人民法院在《关于在民事审判工作中适用〈中华人民共和国工会法〉若干问题的解释》中进一步规定，人民法院审理涉及职工和工会工作人员因参加工会活动或者履行《工会法》规定的职责而被解除劳动合同的劳动争议案件，可以根据当事人的请求裁判用人单位恢复其工作，并补发被解除劳动合同期间应得的报酬；或者根据当事人的请求裁判用人单位给予本人年收入二倍的赔偿，并根据《劳动合同法》第四十六条、第四十七条规定给予解除劳动合同时的经济补偿。

从上述规定可以看出，工会工作人员请求用人单位给予年收入二倍的赔偿，其前提条件是该工会工作人员因履行《工会法》规定的职责，而被用人单位解除劳动合同。这主要是因为当事人履行《工会法》规定的职责使其合法权利受到法律保护，用人单位不能以此为由对其打击报复，进而解除劳动合同，否则就要承担相应的法律后果。根据当事人的诉求，用人单位要么恢复职工本人的工作，并补发被解除劳动合同期间应得的报酬，要么给予职工本人年收入二倍的赔偿，并支付经济补偿金，这也是对用人单位的一种惩罚。所以并非所有解除劳动合同的情况都能够获得赔偿。

73 企业违法与依法履职的工会工作人员解约的法律后果是什么？

工会工作人员为维护职工的合法权益，必须要与用人单位就各种争议或矛盾进行协商，对用人单位无故克扣职工工资、不提供劳动安全卫生条件、随意延长劳动时间等严重侵犯职工劳动权益的行为，有责任代表职工要求用人单位采取措施予以改正。用人单位不能因工会工作人员合理履行职责而擅自解除其劳动合同。否则，应承担的相应的法律后果。

（1）由劳动行政部门责令恢复其工作，并补发被解除劳动合同期间应得的报酬。劳动行政部门是劳动工作的行政主管机关，国务院劳动行政部门主管全国劳动工作，县级以上地方人民政府劳动行政部门主管本行政区域内的劳动工作。劳动行政部门监督检查用人单位遵守和执行劳动法律法规的情况，其中用人单位订立和履行劳动合同的情况尤为重要，对于用人单位违反劳动法律法规，因职工参加工会活动或因履行本法规定的职责而解除劳动合同的，劳动行政部门应当责令恢复其工作，并补发其被解除劳动合同期间应得的报酬。

（2）责令给予本人年收入二倍的赔偿。如果职工在被解除劳动合同期间又找到其他工作，或者本人不愿意再回到原来的工作单位，在征得职工本人同意的情况下，劳动行政部门也可以通过责令用人单位给予职工本人在本企业所得年收入二倍的赔偿方式，来补偿职工由于被解除劳动合同所受到的损失，维护其合法权益。“年收入”主要包括工资、奖金等用人单位发的各种报酬，不包括在单位外部所获得的其他收入。

上述两种法律后果是选择关系，而不是并列关系。被解除劳动合同的工会工作人员，除了可以提请劳动行政部门依法处理外，还可以向劳动仲裁机构申请劳动争议仲裁，对仲裁机构不予受理或对仲裁裁决不服的，可以向人民法院提起诉讼。

74 工会主席、副主席在任职期间能否被调整或罢免？

根据《工会法》规定，工会主席、副主席任期未满时，不得随意调动其工作，因工作需要调动时，只能由民主选举其产生的工会委员会和批准该委员会成立的上一级工会决定。用人单位对依法履行职责的工会工作人员无正当理由调动工作岗位，进行打击报复的，由劳动行政部门责令改正、恢复原工作；造成损失的，给予赔偿。这些规定都是为了保障工会工作者依法独立自主开展工作。因此，用人单位在调动工会主席、副主席的工作时，要充分尊重工会会员大会或者会员代表大会的民主意志，保障工会主席、副主席依法履行会员赋予的职责。

罢免工会主席、副主席也应当遵循法定的程序。根据工会法规定，罢免工会主席或者副主席必须由工会会员大会或者会员代表大会讨论决定，非经工会会员大会全体会员或者会员代表大会全体代表过半数通过，不得罢免。工会主席是由工会会员大会全体会员或者会员代表大会全体代表过半数通过选举产生的，所以罢免也必须经过这一程序。

75 如何保障基层工会干部的合法权益?

（1）工会干部的任职保障。《工会法》第十八条规定，工会主席、副主席任期未满时，不得随意调动其工作。因工作需要调动时，应当征得本级工会委员会和上一级工会的同意。罢免工会主席、副主席必须召开会员大会或者会员代表大会讨论，非经会员大会全体会员或者会员代表大会全体代表过半数通过，不得罢免。根据工会的民主集中制原则，工会主席、副主席的调动，应由工会委员会和上一级工会决定同意。这是保障体现选举人的意志、尊重选举人民主权利的需要，也是保障各级工会主席、副主席向选举机构负责并报告工作，接受监督的需要，以便他们更好地代表和维护会员利益，依法做好工会领导工作。罢免工会主席、副主席更应由会员大会或会员代表大会决定，其他的任何组织和个人都无权罢免工会主席。

为切实保障工会干部权益，更好地开展工会工作。《工会法》还规定，对依法履行职责的工会工作人员无正当理由调动工作岗位，进行打击报复的由劳动行政部门责令改正、恢复原工作；造成损失的，给予赔偿。对依法履行职责的工会工作人员进行侮辱、诽谤或者进行人身伤害，构成犯罪的，依法追究刑事责任；尚未构成犯罪的，由公安机关依照治安管理处罚条例的规定处罚。

（2）工会干部的任期保障。针对实行劳动合同制以后出现的一些企业通过解除或终止工会干部劳动合同的方式对工会干部进行打击报复的情况，2001 年修订的《工会法》增加了保护实行劳动合同制的工会干部的条款，并在 2009 年和 2021 年两次修订中均保留了该条款。《工会法》第十九条规定，基层工会专职主席、副主席或者委员自任职之日起，其劳动合同期限自动延长，延长期限相当于其任职期间；非专职主席、副主席或者委员自任职之日起，其尚未履行的劳动合同期限短于任期的，劳动合同期限自动延长至任期期满。但是，任职期间个人严重过失或者达到法定退休年龄的除外。《工会法》第五十三条规定，工会工作人员因履行本法规定的职责而被解除劳动合同的，由劳动行政部门责令恢复其工作，并补发被解除劳动合同期间应得的报酬，或者责令给予本人年收入二倍的赔偿。

76 如何发挥企业工会在协调劳动关系中的源头参与作用？

促进企业劳动关系的和谐稳定，需要建立规范有效的源头参与机制。企业工会要以劳动法律法规为依据，主动参与企业规章制度的制定和修改，寻求实行企业民主管理的着力点。企业工会作为职工合法权益的代表者和维护者，只有通过源头参与和全过程参与企业规章制度的制定，注重参与率和参与度，确保规章制度的合法性和合理性，才能从源头上促进企业的发展和保障职工的合法权益。一是要注重提升企业工会干部熟悉企业管理和相关法律政策知识的素质，以及提升职工学法、懂法、用法和自觉维护自身合法权益的素质。二是要确保企业工会主席列席董事会，注重企业高级管理层和工会之间的沟通，尤其是重大事项决策权的主动沟通，对事前预防可能发生的劳资纠纷意义重大。三是对涉及职工切身利益的人事政策、员工手册、劳动合同和集体合同规则的制定和修改，企业工会通过职代会、座谈会、沟通会等民主形式，使职工在涉及职工切身利益的重大事项中充享有知情权、参与权、协商权和监督权，从源头上保障职工合法权益。

77 企业规章制度的生效要件是什么？

根据相关法律规定，企业规章制度具有法律效力的要件主要包括：

（1）制定的主体必须合法。《劳动合同法》第四条规定，用人单位应当依法建立和完善劳动规章制度，保障劳动者享有劳动权利、履行劳动义务。制定企业规章制度的主体必须合法，必须有权代表用人单位，在用人单位行政系统中应当处于最高层次，对用人单位各个部门和全体职工有权实行全面和统一的管理。

（2）制定的内容必须合法。《劳动法》第八十九条规定，用人单位制定的劳动规章制度违反法律、法规规定的，由劳动行政部门给予警告、责令改正；对劳动者造成损害的，应当承担赔偿责任。用人单位应当根据自身生产、经营、管理体制的特点，将法律条款具体化，使之具有可操作性。法律没有规定的，企业可制定相应的条款来规范。企业规章制度的内容涉及企业劳动关系的各个方面，体现在企业劳动关系运行过程中的各个环节，一般包括劳动合同、工资报酬、工作时间及休息休假、安全卫生和特殊保护、社会保险及员工福利、职工培训、商业秘密、竞业限制、劳动纪律、劳动争议处理等管理规定。

（3）制定的程序必须合法。《劳动法》第八条规定，劳动者依照法律规定，通过职工大会、职工代表大会或者其他形式，参与民主管理或者就保护劳动者合法权益与用人单位进行平等协商。根据《劳动部关于对新开办用人单位实行劳动规章制度备案制度的通知》规定，对新开办用人单位实行劳动规章制度备案制度是劳动行政部门进一步加强劳动监察工作，促进用人单位提高劳动管理水平的一项重要措施。

（4）正式公布。企业规章制度应当以用人单位正式文件的形式向全体职工公布，从公布之日起在本单位生效。

78 用人单位的规章制度、集体合同、劳动合同出现不一致怎么办？

用人单位的规章制度、集体合同或劳动合同条款之间出现冲突时，应当优先适用谁的问题就是实践中存在的“规”“约”

之争问题。《最高人民法院关于审理劳动争议案件适用法律问题的解释（一）》对此作了明确规定，用人单位制定的内部规章制度与集体合同或者劳动合同约定的内容不一致，劳动者请求优先适用合同约定的，人民法院应予支持。

如果规章制度相比劳动合同更有利于劳动者，究竟是适用规章制度，还是适用集体合同或者劳动合同，完全由劳动者来选择。比如规章制度中有关劳动待遇的规定高于劳动合同的约定，那么劳动者有权选择优先适用规章制度中的劳动待遇规定，劳动仲裁庭和法院会按照对劳动者有利的标准确定其应当享受的劳动待遇。

79 对未经民主程序制定的企业规章制度的效力如何认定?

《劳动合同法》第四条规定，用人单位在制定、修改或者决定有关劳动报酬、工作时间、休息休假、劳动安全卫生、保险福利、职工培训、劳动纪律以及劳动定额管理等直接涉及劳动者切身利益的规章制度或者重大事项时，应当经职工代表大会或者全体职工讨论，提出方案和意见，与工会或者职工代表平等协商确定。用人单位应当将直接涉及劳动者切身利益的规章制度和重大事项决定公示，或者告知劳动者。《最高人民法院关于审理劳动争议案件适用法律问题的解释（一）》第五十条规定，用人单位根据劳动合同法第四条规定，通过民主程序制定的规章制度，不违反国家法律、行政法规及政策规定，并已向劳动者公示的，可以作为确定双方权利义务的依据。

劳动合同法和最高人民法院的司法解释对规章制度的制定提出了程序上的要求，规定规章制度制定应当包括讨论、提案、协商和公示等步骤。这些法定的民主程序属于法律上的强制性规定，未经民主程序制定的规章制度应为无效，不能作为法院审理案件的依据。有效的规章制度除了要有制度文件外，还要附带程序文件。因此，单位在制定规章制度时要依法依规设计规章内容，确保内容的合法性与合理性，还要按照法定的民主程序进行，充分给予职工讨论和表达意见的机会，并进行充分协商，最后保留凭证以证明规章制度是按照民主程序制定的。一个完整有效的单位内部规章制度不仅要内容合法还需要程序合法。

80 工会如何参与与劳动法律法规相关的人大执法检查、政协委员视察？

人大执法检查是指各级人大对法律法规执行情况开展的检查，是人大监督的重要形式。政协委员视察是人民政协根据章程规定，组织委员进行实地考察，了解情况，反映意见，提出建议和批评，履行政治协商、民主监督基本职能的一种重要形式。《工会劳动法律监督办法》第十三条规定，县级以上工会经同级人大、政协同意，可以参加企业组织的劳动法律法规执法检查、视察。工会参与人大组织的劳动法律法规执法检查和政协委员视察，可以为其提供广泛的群众基础，同时也充分体现了工会劳动法律监督的重要性。

工会在参与人大执法检查、政协委员视察过程中要发挥积极作用，应当做好一系列的工作。首先，要对相关法律的贯彻执行情况进行深入调研，全面掌握法律实施情况，找准问题及原因，形成调研报告，并在执法检查正式开始前及时向人大报告。其次，要根据有关安排做好各个阶段的配合工作，并在工会系统内就如何有效参与进行全面的工作部署。最后，要积极争取作为工作人员随人大执法检查组等开展实地检查，并发挥工会优势，从维护职工合法权益的角度当好参谋助手。

81 互联网背景下工会创新维权工作的方式方法有哪些？

互联网的快速发展、技术的更新迭代给劳动关系带来了强大冲击，带来了很多不确定性，也给工会履行维权职能带来了巨大的挑战。为维护劳动者权益，工会应突破传统思维，不断创新维权工作的方式方法。

（1）积极参与立法、普法宣传工作。工会应加强立法调研和制度创新，充分发挥源头参与职能，从立法层面探索突破传统会员范畴，同时，积极参与涉及职工重大利益的法规政策制定修改以及职工最低工资标准调整调研、公积金制度修改调研、根治拖欠农民工工资行动等活动。除此之外，工会还应积极推动灵活就业群体用工标准、保险保障等相关劳动保障政策的研究制定。

（2）积极推动“三新”领域职工入会。工会应积极推动“八大群体”入会，其中包括部分依附于平台就业的“三新”领域职工。为推动“三新”领域职工入会，先是在“三新”领域中吸纳有工资收入的固定职工加入工会，然后再由工会联合会吸纳在平台上注册的灵活就业人员入会。为维护“三新”领域职工的合法利益，工会联合会与相关主管部门开展平台企业与灵活就业人员代表座谈会，双方代表就当期平台即将推出的影响劳动报酬的规定进行交流，以有效化解灵活就业群体对平台相关规定的误解，充分保障劳动者知情权，同时还可化解矛盾。

（3）建立线上线下相结合的劳动关系信息体系。针对新媒体迅速发展带动的网络舆情、舆论，工会应整合职工在线互动平台、工会舆情监测系统，畅通线上维权渠道，进行线上派单和线上督办。同时，工会应和宣传、网信等部门注重加强舆情监测和舆情引导工作。为更好地做好舆情收集工作，及时快速有效解决劳资纠纷，工会可培育发展劳动关系信息员队伍，深入重点企业监测企业职工动态。同时，为提高工会分析研判劳动关系的智能化、科学化水平，工会可以在不同规模的企业、不同行业间建立并完善劳动关系监测样本点，逐步形成共建共享的工会劳动关系数据库。

（4）构建多形式多层级劳资沟通协商机制。为降低劳资纠纷发生率，工会应鼓励经营困难企业采用以劳资恳谈会、企业工会与企业联席会议、职工代表大会等多种形式的沟通协商方式实施薪酬调整、轮岗轮休、经济性裁员等。一些地方工会不断改进集体协商工作机制，形成多形式多层级劳资沟通协商机制。主要做法包括：①完善联席会议组织制度等顶层设计，出台相关工作方案，对联席会议制度的组织实施程度、内容等进行规定。②建立了“小三级”协商对话体系，形成企业工会与企业行政方联席会议—园区职工议事会—社区职工议事会的循环路径。③全面开展基层工会组织成员及企业劳资代表共同参加的对话协商能力专项培训机制等。

（5）整合资源，打造社会化维权互动机制。为更好地履行维权职责，加强工会力量，工会应整合各方资源，打造“工会+”工作体系。工会联合人力资源和社会保障部门、司法行政部门设立一站式劳资纠纷服务专线，为劳资双方提供劳动法律法规政策的咨询、投诉、调处、法律援助等服务；完善“工会+法院”化解劳资纠纷机制，在法院全面建立劳动争议诉调对接工作室，同时，健全完善“律师驻点”“律师入企”和劳动争议律师代理等社会化维权互动机制。

82 工会接到职工投诉单位违反劳动法律法规后，该如何处理？

基层工会接到关于用人单位违反劳动法律法规的投诉后，一般应当进行登记，登记内容主要包括职工的个人信息、工作单位、联系方式、反映的主要问题及诉求等。经核查，反映情况属实且属于基层工会职责范围内的事项，基层工会应当及时受理，如果反映情况重大或复杂，应及时向上一级工会报告，在上一级工会指导下启动监督或共同处理。反映情况不属于工会劳动法律监督范围或者已经进入行政执法、仲裁、诉讼程序的，不予受理。对不予受理的事项，基层工会一般应当在接到投诉举报之日起五个工作日内告知实名投诉举报人，并将有关资料归档、结案。

上级工会接到职工投诉的，可以按照属地管理、分级负责的原则，出具交办函，将投诉情况交由下级工会办理。承办的工会接到交办函后，应当认真办理，并在交办函规定的期限内办结；对疑难、复杂的案件，经交办的工会同意，可适当延长办理期限，但延长期限一般不超过三十日。交办事项办结后，承办的工会要及时形成办理情况报告，报交办的上级工会。下级工会开展劳动法律监督有困难的，上级工会应当主动了解有关情况，及时给予指导帮助。

83 工会如何维护劳动法律监督员的合法权益?

工会劳动法律监督员在开展劳动法律监督工作、维护职工合法权益时，可能受到用人单位的打击报复，面临自身权益如何得到保障的难题。

工会劳动法律监督员受到用人单位的打击报复，如果不加以解决，就会直接影响工会劳动法律监督员的积极性、监督员队伍的稳定性和工会劳动法律监督工作的开展。工会只有依法维护和保障工会劳动法律监督员的合法权益，才能解决工会劳动法律监督员依法开展工作的后顾之忧。

《工会劳动法律监督办法》第三十一条规定，工会劳动法律监督员因依法履职受到打击报复的，有权向本级或上级工会反映，上级工会应当及时给予支持和帮助，依法维护其合法权益。接到反映后，本级工会和上级工会应当对有关情况积极进行调查核实，主动与用人单位进行交涉；可以向人社部门劳动保障监察机构发出建议，提请依法对用人单位进行查处。必要时，本级工会和上级工会可以为合法权益受到侵害的工会劳动法律监督员指定工会法律援助律师，帮助其通过法律途径维护自身权益。

84 地方工会是否可以建立工会劳动法律监督员配套补助制度？

建立配套补助制度是保障工会劳动法律监督工作顺利开展和激发广大工会劳动法律监督员工作积极性的重要举措。《工会劳动法律监督办法》第三十条规定，地方工会可以结合实际，建立非公有制企业工会劳动法律监督员配套补助制度。上海、福建、内蒙古自治区等地方工会先行先试，对补贴范围、补贴对象、补贴标准、补贴管理作出了具体规定，激发了工会劳动法律监督员的工作热情，取得了良好效果。如《上海工会劳动法律监督办案补贴办法（试行）》规定，下列工会劳动法律监督员经培训考核合格，持有工会劳动法律监督证件，在接受工会指派实施工会劳动法律监督后，可申请办案补贴：①市、区局

（产业）工会不具有公务员、事业编制身份的工作人员；②为工会提供法律监督服务的社会律师；③受指派办理劳动法律监督案件的劳动关系协调员、劳动监察协管员、社会化工作者，本市工会劳动法律监督案件的办案补贴，纳入市总工会劳动关系工作部工会劳动法律监督工作预算管理。《福建省工会劳动法律监督条例》第十七条规定，工会应当将实施工会劳动法律监督所需的各项经费依法纳入本级工会预算，给予基层工会劳动法律监督员适当补助。《内蒙古自治区工会劳动法律监督条例》第三十一条规定，基层工会可以给予工会劳动法律监督员适当工作补助；根据劳动法律监督成效，给予工会劳动法律监督员表彰和奖励。考虑到地方工会劳动法律监督员从事劳动法律监督属本职工作，不宜额外发放补助。

85 工会化解劳动争议的创新方式方法有哪些?

面对纷繁复杂的劳动关系和劳动纠纷，一些地方工会成立工会律师服务团，开展“法治体检”，出具“一函两书”，实行“工会＋法院”诉调对接，从法律宣传到强化劳动法律监督再到诉讼前调解，多元化化解劳动争议。

（1）组建工会律师服务团。工会律师深入农民工集中的社区、街道、企业、工地开展公益法律服务活动，宣传法律法规，提供法律咨询，调处劳动争议，代理涉诉案件，重点为被拖欠工资的农民工提供法律援助。工会除了从职工角度提高职工法律素质和提供法律援助外，还可依托工会律师服务团组建“法治体检”服务队，让律师服务上门，从企业角度防范劳动用工法律风险。“体检”主要围绕劳动合同、劳动规章、集体协商与集体合同、劳动争议预防和调处等方面进行研判，从专业角度量身定制包括法律风险点提示、风险防范建议等在内的“法治体检”报告。

（2）推行“一函两书”制度。“一函两书”制度中的“一函”是指遵守劳动法律法规公开提示函。“两书”是指工会劳动法律监督意见书和工会劳动法律监督建议书。工会劳动法律监督是民主监督、社会监督的重要形式，推动建立“一函两书”制度，助力工会劳动法律监督落到实处，从源头上有效预防和减少劳动争议，维护职工合法权益，构建和谐稳定的劳动关系。

（3）建立多元化解机制。一些地方工会签约多家律师事务所、遴选调解员，成立劳动争议“工会＋法院”诉调对接工作室，将法院“诉”的刚性和工会“调”的柔性结合起来，形成化解劳动争议的合力。以“工会＋法院”为基础，一些地方工会还推进“工会+N”模式，先后与法院、人社局、司法局、检察院等相关单位联合制定劳动争议诉调对接工作实施细则，健全联动协调机制；此外，有些地方探索构建劳动争议一体化治理体系，促进劳动争议预防、协商、调解、仲裁、诉讼的相互协调、有序衔接，一站式、一体化解决。

86 新就业形态劳动者的劳动关系如何认定？

2021 年 7 月人社部发布的《关于维护新就业形态劳动者劳动保障权益的指导意见》指出，符合确立劳动关系情形的，企业应当依法与劳动者订立劳动合同。不完全符合确立劳动关系情形但企业对劳动者进行劳动管理的，指导企业与劳动者订立书面协议，合理确定企业与劳动者的权利义务。个人依托平台自主开展经营活动、从事自由职业等，按照民事法律调整双方的权利义务。随后，一些地方的相关实施意见相继出台，比如 2022 年 1 月上海市人力资源和社会保障局等八部门联合发布了《关于维护新就业形态劳动者劳动保障权益的实施意见》明确规定，企业对劳动者进行严格劳动管理，劳动者对企业有较强从属性，符合确立劳动关系情形的，企业应与劳动者订立劳动合同，履行劳动用工义务。企业采用劳务派遣、非全日制等方式用工的，应严格执行法律规定。对不完全符合确立劳动关系情形但企业对劳动者进行劳动管理，劳动者劳动过程要遵守平台企业确定的算法等规则的，企业应与劳动者订立书面协议，协商确定工作报酬、工作时间、职业保护等权利义务内容。个人依托平台自主开展经营活动、从事自由职业的，按照民事法律调整双方的权利义务。这也意味着，在新就业形态下，劳动者与雇用企业的关系既可能是劳动关系，也可能不是劳动关系，存在着多样性。总之，新就业形态的劳动关系应以实际权利义务予以认定。

87 新就业形态劳动者的权益保护面临的主要问题有哪些?

随着信息和通信技术的发展，致力为有关机构和新就业形态劳动者提供联系场所的平台不断涌现，为共享经济高速发展提供了条件。共享经济模式作为社会资源重新配置的新方式，其显著优势在于利用互联网和移动技术快速匹配需求方和供应方，且工作时间和地点灵活性较强。共享经济虽带来了新的工作机会和工作的灵活性，但仍有诸多权益保护问题亟待解决。

（1）共享经济模式会加速对传统雇佣劳动的冲击。企业可以通过网络平台找到自己所需的平台从业者。由于这些平台从业者的薪酬往往不包含社会保险和福利费用，与传统劳动关系相比，企业与平台从业者之间的用工关系具有更大的灵活性。因此，传统雇佣下的企业员工需要直面平台从业者甚至人工智能带来的竞争和挑战，并随时存在失业的可能。

（2）共享经济模式会使平台从业者面临更激烈的竞争。拥有高技能的平台从业者仍需要面对数量众多的竞争对手，在被迫保证服务质量的同时，降低服务价格，以保证在有关平台上获得良好评价，确保其业务的可持续性。平台从业者可能还要在全球范围内与对生活条件和报酬要求差异极大的同行展开竞争，社会保险和福利保障的缺失会给他们带来一定的风险。

（3）共享经济模式会降低平台从业者的劳动价值。共享经济是资本借助互联网建立的平台垄断，特别是在有效规制缺失的状况下，平台企业可能会利用制度缺陷以获取不当利益。这种模式通过“众包”方式打破了传统生产对厂房、设备等生产要素的依赖，它巧妙地规避了劳动者与单位需要签订劳动合同、企业履行社会保障义务的羁绊，将任务通过移动终端分配给不特定的从业者去完成。但此时他们已经不是传统意义上的劳动者，而是在灵活就业的幌子下付出更多隐蔽性劳动的“网络劳工”。

（4）共享经济模式会造成平台从业者更频繁的失业问题。由于平台从业者流动性强，网络平台不愿意支出培训费用，导致平台从业者的职业培训严重缺失，从而面临着更频繁的“失业—再就业—失业”的循环，严重影响其职业稳定性。平台从业者的职业生涯被分割成无数个片段，劳动技能和水平无法获得持续的提升，既减少了其就业机会，又降低了其收入水平。

（5）共享经济模式造成网络平台用工的灰色地带出现。网络平台用工具有典型的跨区域、跨行业特征，现行法律法规越来越无法适应网络平台用工发展需要，主要表现为平台企业的法律地位和责任界定不清，平台的性质认定、行业归类、新型劳资关系、从业者和平台的税收征缴等尚无明确规定，从而导致大量的网络平台用工形式处于灰色地带，甚至有“违法”嫌疑，导致侵害平台从业者劳动权益的现象时有发生。尽管近年来国家明确提出要促进就业，但从一些部门与地区出台的具体政策看，往往对网络平台用工模式强调管制的多、鼓励发展的少。

88 新就业形态群体的法律维权应遵循哪些主要原则?

由于现行相关制度主要是基于传统劳动关系而设计的，随着共享经济的发展，对新就业形态群体的权益保障与现行制度的脱节应当给予更多关注。因此，保障新就业形态群体的正当权益应遵循以下原则：

（1）倾斜保护新就业形态群体。市场经济下客观存在的市场失灵情况是政府干预网络平台用工领域的缘由所在。政府与市场是市场经济的基本资源配置手段。但由于市场本身的滞后性和被动性，现实经济中往往会出现市场失灵情况。网络平台用工领域中的市场失灵主要表现在劳动力供大于求的状况长期存在，劳资双方存在着非均衡性，呈现明显的“资强劳弱”状况，从而导致网络平台用工的协议内容通常由平台企业一方决定，难免出现侵犯平台从业者权益的协议条款。鉴于上述情况，政府应通过在网络平台用工领域的制度供给对平台从业者进行倾斜保护，规范和平衡“资强劳弱”的网络平台用工关系失衡状况，从而实现真正的公正。

（2）提升新就业形态群体组织化程度。网络平台用工模式具有明显的市场化特征，为进一步平衡平台劳资双方的力量，不仅需要国家立法和政策干预对平台从业者进行倾斜性保护，而且还应允许平台从业者组织起来，以集体的力量维护自身的合法权益，即通过组建工会以增强对抗资方的力量。《中国工会章程》明确将工会的基本职责定位于维护职工的合法权益、竭诚服务职工群众。2006 年全总又提出“以职工为本，主动依法科学维权”的工会维权观。这种制度的安排使得基层工会容易获得政府的支持与上级工会的帮助，不断创新平台从业者入会的方式方法，提高平台从业者的组织化程度，增强对抗资方的制衡力量。

（3）建立多方合作机制。为有效规制新型用工关系，维护新就业形态群体的正当权益，针对新型用工模式的灵活性和新就业形态群体权益保障的复杂性，国家需要建立健全政府、行业、工会、仲裁机构等多方联动的协调机制，需要对网络平台提供的服务和产品质量有行业监管，对从业人员的工作健康安全、社会保障有制度安排，也需要明确网络平台的监管责任和从业人员的个人责任。工会组织要充分发挥其独特作用，积极协助党和政府解决好平台从业者普遍关心的社保、就业、培训、收入等问题。工会组织还要创新工作模式，行使集体谈判权，与企业集体协商劳资双方的权利义务。企业联合会发挥监督和指引作用，推动行业协会建立相应的规范和标准。劳动保障监察部门加强对新就业形态的监察和巡查，及时发现、处理侵害平台从业者合法权益的行为。劳动人事仲裁部门发挥仲裁调解的职能，及时妥善化解新就业形态下的劳动争议纠纷。

89 维护新就业形态劳动者权益的主要措施有哪些?

（1）完善现行相关法律法规。共享经济模式下的灵活、弹性、多元化的用工关系需要劳动法律法规给予制度的规范。新就业形态劳动者的优势在于灵活性，劣势在于新就业形态劳动者权益保障方面的短板，如何实现灵活性的用工又不损害新就业形态劳动者的劳动权益是一个难点。基于新就业形态劳动者相对传统劳动者更为弱势的特点，国家需要通过立法对新就业形态劳动者进行倾斜保护。在立法过程中，国家要本着“淡化劳动关系认定的法律意义、弱化社会保险与劳动基准对劳动关系的依附性、重在解决平台从业者权益保护问题”的思路进行设计。此外，平台企业之间也需要法律制度维护其公平竞争的秩序，因为实力强大的平台企业可能会滥用支配地位阻止新就业形态劳动者加入其他平台企业。

（2）加大政策支持力度。国家通过调整产业政策、财税政策、科技政策等加大对新就业形态的支持力度，提高社保体系和职业培训与新就业形态的匹配度。在社保体系设计方面，国家可考虑建立基于平台的失业和工伤保险，同时辅之以行业工会的团体互助保障，还可适当引入商业保险，同时根据经济状况，新就业形态劳动者自愿选择社保的缴费基数，允许中断后补交和异地缴费。在职业技能培训方面，国家要遵循劳动就业培训与创业就业培训并重、公共性培训与营利性培训并重、开拓培训资源与提高培训效益并重的原则，推进市场化、社会化及多元化改革，形成政府购买服务、培训主体平等竞争、劳动者自主参与的培训方式，为新就业形态劳动者提供有力的技能培训。

（3）加强政府监管和司法能动性。共享经济模式下的用工规制不仅涉及法律和政策层面，还涉及政府监管和司法层面，需要在促进行业发展和实现有效监管之间寻求一种价值平衡。国家不仅要规范新就业形态下企业的管理职责，建立用户权益保障机制，做好保护与各类平台合作人员的知识产权、个人信息权和隐私权等工作，构建多元化的在线争议处理机制，还要加强维护市场竞争秩序和监管平台的数据处理，使数据的收集和处理公开透明，使监管部门能及时有效地发现、介入、制止、惩罚扰乱公平竞争的行为。此外，法院处理在网络平台用工中发生的新型劳资纠纷时要充分发挥司法能动性，并通过司法判例的创新引导和启发政府规制。

（4）强化企业社会责任和行业自律机制。共享经济模式下的新就业形态劳动关系不完全遵循传统劳动关系的路径，但依然要认识到平台企业与新就业形态劳动者不仅是利益共同体，更是命运共同体。新就业形态劳动者需要合理的工资维持生计，企业要为新就业形态劳动者提供平等协商的对话机制。行业协会要发挥积极作用，采用第三方评估方式，对平台企业用工进行评估监测，做好跟踪落实；推动行业组织制定各类产品和服务标准，促进企业之间的业务交流和信息共享；完善行业纠纷解决机制，鼓励第三方及用户参与平台治理。

90 如何维护新就业形态劳动者的社会保障权益?

（1）立法理念的根本转变。国家应当肯定新就业形态劳动者社会保障权的存在，并提高其在社会保障制度设计中的地位。新就业形态劳动者的非典型性不应成为被排除在社会保障体系之外的理由。随着新就业形态劳动者规模的爆发式增长，我国社会保障体系在构建完善时，应当把其与传统劳动者放在相同的高度予以重视，而不是像以往一样以传统劳动者为中心，仅附带着兼顾新就业形态劳动者。

（2）目标定位的改变。国家应建立广覆盖、重基础保障的社会安全网络，应尽可能将各种类型的新就业形态劳动者纳入社会保障范围。国家在界定保障对象的规范设计上，应将一些常见的灵活就业形式以列举的方式规定下来，诸如家政护理工、送餐员、快递员等，在一定范围内肯定他们享受社会保险的权利。就保障水平而言，目前的基础社会保险不应定位太高，以保障基本生存需要为限，在今后发展中逐步提高。

（3）保障模式的合理选择。关于如何解决新就业形态劳动者的社会保险问题，有的观点是把新就业形态劳动者纳入现行社会保险体系中，努力实现制度对接；有的观点是另行建立一套适合灵活就业人员特点且成本小的社会保障模式。比较两种观点，前者是一种比较缓和的改良模式，操作难度相对较小，但实施效果未必理想；后者是一种比较激进的模式，制度设计存在较大的难度，但并非不可行。我国已有学者提出了二元化社会保险体系的制度构想，但具体的设计方案又不尽一致，一种思路是仍按照各个险种分别进行弹性化创新；另一种思路则是打破险种细化的藩篱，对新就业形态劳动者实行一种全新的“综合性社会保险”，以防止制度的碎片化。建立二元化社会保险体系不是要人为制造分立，而是基于劳动二元化格局的客观现实、尊重非典型劳动关系的特殊性而进行的弹性化制度设计。在二元体系下，社会保险制度的两个组成部分是有内在联系的，不是完全孤立的。

（4）充分尊重新就业形态劳动者社会保障灵活性需求。我国目前的社会保障体系之所以对灵活就业人员存在适用障碍，主要是不能覆盖新就业形态劳动者工作的灵活性和特殊性。新的社会保障体系必须具有多样性。社会保险险种的选择应由新就业形态劳动者基于各自的需求选择，社会保险费的缴纳应实行多样化的标准，国家设置多层次的社会保险缴费比例，比如以收入为划分标准，高收入群体按照较高的缴费比例缴纳社会保险费用，低收入群体根据一定的缴费优惠政策缴纳社会保险费用。在缴费途径方面，不仅要发挥信息技术的优势，加快网络化管理和服务，还要创新管理模式，按照属地管理模式，把新就业形态劳动者的社保经办管理服务延伸到街道、乡镇、社区，方便其就近办理；在社会保险基金管理方面，要加快建立全国统筹的社保机制和数据库，实现“五险合一”管理和社保基金“跟人走”模式，彻底解决新就业形态劳动者的社会保险关系转移问题。

（5）加强国家财政支持和企业的社会责任感。考虑到新就业形态劳动者的特殊弱势地位，国家财政应加大对这部分群体社会保障的投入，比如以补贴等形式减轻或免除其社会保险费。相关企业也要加强社会责任感，适度承担新就业形态劳动者的社会保障义务，根据新就业形态劳动者的工时比例缴纳部分社会保险费。

91 地方工会维护新就业形态劳动者权益的创新路径有哪些？

（1）创新工会组织管理手段。地方工会可以借助互联网技术的应用，给新就业形态劳动者提供多样化的服务形式和服务内容，如法律援助、继续教育培训和咨询等形式，把分散的新就业形态劳动者吸引过来、组织起来、凝聚起来。新就业形态劳动者灵活松散、流动性强，工会意识和会员意识较为薄弱，工会组织可考虑通过“先活动覆盖、再组织覆盖”的方式将他们纳入工会系统。

（2）发挥行业工会的作用。行业工会通过扁平化的管理机制将分散的、易流动的新就业形态劳动者组织起来，推动行业性集体协商、完善行业工时及行业劳动保护标准，为新就业形态劳动者争取合理的劳动权益。

（3）充分发挥政治优势和组织优势。地方工会做好劳动关系领域社会组织，尤其是尚未依法登记社会组织的政治引领工作。地方工会应当通过开展购买社会组织服务作为切入点和抓手，加大引导劳动关系领域社会组织的力度，探索建立以职工服务类社会组织联合会为平台的多领域、广覆盖的工作网络，引导社会组织在劳动关系领域依法开展服务职工工作。

92 如何构建“法院+工会”诉调对接机制?

随着新就业形态的发展，有关劳动争议的案件也逐年增多，劳动争议诉调对接联席会议制度、劳动争议纠纷联动机制、法院委托工会组织调解工作机制的建立有利于维护劳动者权益和构建和谐稳定的劳动关系。

解决劳动争议最有效的方法是调解。“法院＋工会”诉调对接机制可提高解决劳动争议的效率，为劳动者维权提供坚强的后盾。劳动争议案件的诉调对接就是通过在法院设立职工法律援助窗口和劳动争议调解室，由工会委派专业调解员入驻的方式，为解决劳动争议案件提供快捷的通道。从具体实践看，工会广泛吸纳法学专家、退休的法官和检察官、劳动争议调解员和仲裁员等社会力量加入诉调对接的队伍，与法院形成优势互补，不断完善管理机制和工作办法。

“法院＋工会”诉调对接机制的广泛普及，一方面依托工会加强和各级法院的合作主动性，进一步整合资源，共同及时、高效地依法维护职工合法权益；另一方面依托工会提高劳动者的依法维权意识与能力，这需要各级工会组织做好劳动法律法规的普及，使广大劳动者通过“法院＋工会”诉调对接机制，更好地维护自身的合法权益。

93 股权激励纠纷是否属于劳动争议？

用人单位与员工之间的股权激励约定是员工以特定的价格购买用人单位的股票或者用人单位无偿给予员工股票，并对该股票的出售做出一定限制的提高人才竞争力的方式。有的用人单位规定员工在工作业绩达到一定标准时才能享有股权；有的是约定员工达到规定的工作期限后，便可享有一定比例的股权，此种约定应该属于劳动权利义务的约定。

股权激励实际属于一种劳动报酬，股权激励纠纷应当按照劳动争议案件来处理。在确定是否由用人单位给付的问题上，法院应当根据享有股权的员工在工作过程中是否达到约定的给予股权激励的标准来确定。但需要注意的是，用人单位在履行劳动合同过程中给予员工的股票奖励属用人单位自主权的范畴，如果产生纠纷，不应作为劳动争议案件来处理。

94 企业改制引起的纠纷是否属于劳动争议？

对在企业改制，特别是国有企业改制过程中引发的纠纷到底是由政府统筹协调，还是由法院立案受理的问题，一直存在着不同的观点。根据《最高人民法院关于审理劳动争议案件适用法律问题的解释（一）》的规定，劳动者与用人单位之间因企业自主进行改制引发的纠纷，属于劳动争议，当事人不服劳动争议仲裁机构作出的裁决，依法提起诉讼的，人民法院应予受理。该司法解释主要包含三个方面的含义：一是企业自主改制引发平等主体之间关于民事权益纷争的劳动争议案件属于人民法院主管的案件范围，人民法院应当依法予以受理。二是改制并非企业自主进行而是在政府主导、指令下进行的，由此引发的纠纷不属于劳动争议，人民法院不予受理。三是确定人民法院受理案件的范围时，不因企业的性质不同而区别对待。尽管改制的企业就属性而言大多属于国有企业，但在实践中仍有部分集体企业或民营企业改制是在政府主导下完成的。因此，不再根据企业性质作出不同划分，而是要注意把握企业自主改制与企业非自主改制之间的区别，以便准确做出哪些情况属于法院的受理范围，哪些不属于的判断。

企业自主改制与企业非自主改制之间的区别主要表现在：（1）在能否体现自由意志方面存在不同。政府主导部门主导的企业改制，其资产移转等事项不是企业可自行决定的。企业的自主改制，其资产转移等事项是企业根据自身经济效益决定的，是自由意志的体现。企业自主改制中的资产转移，有些资产有可能需要由相关政府部门办理有关手续，但这种政府部门的行为属于一般行政行为，与政府部门直接决策、指导企业改制的行为有本质的区别。（2）政府主导的企业非自主改制中的资产调整、划转在有些情形下是无偿的，不需要支付对价。企业自主改制中的资产转移是正常商事活动的结果，遵循的是等价有偿原则。（3）在政府主导的企业非自主改制中，政府与被改制的企业、职工之间在法律关系中的地位是不平等的，具有行政性、服从性关系，而企业自主改制中的各方当事人地位在理论上是平等的。

95 劳务派遣与劳务外包有何区别？

劳务外包是企业将公司内的部分业务或职能工作内容发包给相关的单位，由该单位按照企业的要求自行安排人员完成相应的业务或职能工作内容的一种用工形式。劳务派遣是用工单位与劳务派遣单位签订劳务派遣协议，劳务派遣单位派遣人员到用工单位从事用工单位安排的工作内容的一种用工形式。

劳务外包与劳务派遣的共同之处是用工单位或发包单位都不与劳动者签订劳动合同。二者区别主要在于：一是适用的法律不同。劳务派遣适用劳动法律制度，劳务外包适用民事法律制度。二是劳务承包单位可以是个人，也可以是法人或其他实体。劳务派遣单位必须是严格按照法律规定设立、注册资本不得少于五十万元的法人实体。三是劳动者管理的责任主体不同。发包企业对劳务承包单位的员工不进行直接管理，其工作组织形式和工作时间安排由劳务承包单位自行确定。劳务派遣单位的员工则必须按照用工单位确定的工作组织形式和工作时间安排进行劳动，这是两者最主要的区别。四是劳务外包一般按照事先确定的劳务单价，根据劳务承包单位完成的工作量结算费用。劳务派遣一般是按照派遣的时间和费用标准，根据约定派遣的人数结算费用。五是违法的后果不同。劳务发包单位对劳务承担单位的员工不承担任何责任，劳务外包适用民事法律，违约者除了承担合同约定的违约责任外，还承担民事赔偿责任。在劳务派遣中，被派遣的劳动者的权益受到损害的，劳务派遣单位与用工单位按《劳动合同法》的规定承担连带赔偿责任。

96 如何正确理解共享用工模式？

共享用工模式产生于特定时期有些企业的缺员与有些企业的人力资源闲置的矛盾，是企业之间根据市场需求自愿匹配，输出企业将闲置的待岗人员调派至人力不足的输入企业，双方达成合作协议，明确权利义务关系，输入企业支付相应的劳务报酬，以减轻输出企业支付工资的资金压力，同时解决输入企业用工不足的生产能力问题，提高共享员工工资收入的用工模式。共享用工是一种灵活用工的新趋势，促进了劳动力资源的合理配置，创造出巨大的社会效益。季节性或阶段性的共享用工已经成为餐饮、超市、文化娱乐等行业互利共赢的选择。

共享用工与传统的劳动关系、人力外包和劳务派遣不一样，它以增加人力资源价值为前提，具有一定的优势，但关系较为复杂，涉及共享员工与输出企业、输出企业与输入企业、共享员工与输入企业这三方面的法律关系，在劳动关系方面的认定与管理较难。

共享员工与输出企业、输入企业之间应为借调关系。共享用工多是发生在不同行业之间，输出企业仍为共享员工缴纳社会保险，不改变输出企业和劳动者之间的劳动关系。输出企业按照协议集中派遣共享员工到输入企业，输入企业将用工的费用整体支付给输出企业，不负责直接发放给共享员工，输出企业再以工资形式支付给共享员工。输出企业不得以营利为目的借出员工，否则会被认定属于违法的劳务派遣而遭受处罚。输出企业应与输入企业共同保障共享员工的劳动权益。

97 非全日制用工形式是否适用于劳务派遣?

依据《劳动合同法实施条例》规定，劳务派遣单位不得以非全日制用工形式招用被派遣劳动者，但是派遣单位的劳动者可以到用工单位从事非全日制岗位形式的工作。《劳动合同法》规定，劳务派遣只能在临时性、辅助性或替代性的工作岗位上实施，主要是为了防止用工单位为了降低用工成本，滥用劳务派遣形式逃避法律责任。在实际工作中，许多临时性、辅助性岗位每天的工作量并不饱和，对于这样的工作岗位，单位可以考虑采用非全日制用工形式。这样的用工形式应当与普通劳务派遣一样，由劳动者与派遣单位签订劳动合同，派遣单位与用工单位签订派遣协议。派遣协议中对于工作的具体情况，如工作环境、工作时间、报酬等事项应作出明确约定，用工单位应当履行告知义务，但这些约定不得与现行的有关非全日制用工的法律法规和规章制度相抵触。

用工单位通过劳务派遣单位招用非全日制用工有许多优点：第一，可以扩大劳动者的就业机会，活跃劳动力市场。第二，派遣单位具有一定的规模，掌握更多的劳动力市场信息，能够更高效地为用工单位提供合适的人选。第三，劳动者与派遣单位签订劳动合同，劳动者与用工单位发生纠纷的，派遣单位应当承担连带责任，这样有利于保障劳动者、用工单位的权益。

在实践中，应当注意以下几点：（1）用人单位在派遣协议中应当明确工作时间，劳动者在同一用人单位的每日工作时间平均不超过 4 小时，每周累计的工作时间不超过 24 小时。（2）为用工单位提供非全日制劳动的劳动者与依法成立劳务派遣单位签订劳动合同。（3）非全日制用工的最低小时工资标准由省、自治区、直辖市规定，并报人力资源和社会保障部备案。对于非全日制用工的劳动报酬的支付，劳务派遣单位应当遵照当地的规定，在派遣协议中明确劳动报酬的结算支付周期最长不得超过 15 日。（4）用工单位应当履行监督劳务派遣单位按照国家有关规定为劳动者缴纳工伤保险费的职责。劳务派遣单位对劳动者造成损害的，用工单位需要承担连带责任。

98 如何正确理解和把握劳务派遣工的同工同酬？

同工同酬是指劳务派遣工与工作岗位相同、付出等量劳动，取得相同工作效果的正式职工，应当获得同等的劳动报酬。同工同酬作为劳务派遣工的一项基本权利，也被纳入了法律范畴，法律赋予劳务派遣工与正式职工获得同样报酬的权利。但是在司法实践中，劳务派遣工普遍受到歧视，即使是与正式职工从事相同的工作岗位，两者在工资报酬、福利待遇等方面仍然相差较大。

关于“同工”的认定标准有两种观点，一是以劳动者所从事的工作内容为认定标准，工作内容是否相同，可以从单位招聘时的岗位描述予以判断，如何确定明确的认定标准，还需要多方努力寻找解决方案。二是以劳动者创造的劳动价值即产出值作为认定标准，这种认定标准对某些工作岗位具有一定的参考意义，如需要体力劳动的和通过明确标准确定薪酬的工作岗位，那些难以明确计算劳动产出值的岗位则不适用此标准。

关于对“同酬”范围的理解有广义和狭义两种，两者之间的区别在于是否包括加班补贴费、福利和社会保险费。广义的理解认为“同酬”应包括加班补贴费、福利、社会保险费，这种理解更有利于对劳务派遣工的利益保护，更能体现公平原则。

99 调解协议是否可以作为仲裁裁决或法院判决的依据？

调解协议是在劳动争议调解委员会的主持下，由双方当事人按照自愿协商原则处分其实体权利和诉讼权利而达成一致意见的文书形式。劳动争议调解委员会是进行劳动争议调解的群众性组织，不具有行政权和司法权，因此调解协议没有强制执行的法律效力。当一方当事人不履行调解协议，劳动争议调解委员会不能强制其履行，另一方当事人也不能向法院申请强制执行。《劳动争议调解仲裁法》规定，调解协议书对双方当事人具有约束力，当事人应当履行。《最高人民法院关于审理劳动争议案件适用法律问题的解释（一)》第五十一条规定，当事人在劳动争议调解委员会主持下达成的具有劳动权利义务内容的调解协议，具有约束力。因此，调解协议在仲裁和诉讼过程中可以作为仲裁裁决和法院判决的依据。

劳动争议调解委员会可以对调解协议的执行情况进行定期的检查和回访，发现当事人有不履行协议的情况时，应及时做思想工作，督促他们认真履行调解协议。如果一方当事人在约定的期限内不履行调解协议，劳动争议调解委员会应当告知另一方当事人可以就争议事项依法申请仲裁。

《劳动争议调解仲裁法》规定，因支付拖欠劳动报酬、工伤医疗费、经济补偿或者赔偿金事项达成调解协议，用人单位在协议约定期限内不履行的，劳动者可以持调解协议书依法向法院申请支付令，法院应当依法发出支付令。这一规定增强了调解协议的法律效力，有利于快速解决单纯给付义务的劳动争议，便于劳动者及时获得救济。

100 如何做好农民工维权服务工作?

（1）加强思想政治引领。工会积极宣传习近平新时代中国特色社会主义思想，引导广大农民工坚定不移听党话、跟党走。

工会宣传党和政府关心、关爱农民工的政策措施，总结农民工服务工作的好经验、好做法，加强舆论引导，选树和宣传来自农民工群体的先进典型，弘扬劳模精神、劳动精神、工匠精神，引导广大农民工树立劳动最光荣、劳动最崇高、劳动最伟大、劳动最美丽的理念。工会还要继续推动各级工会代表大会、工会委员会、常务委员会中要有一定比例的农民工代表。

（2）切实维护农民工的劳动权益。工会及时分析研判新常态下劳动关系的发展态势，针对农民工就业培训、收入分配、社会保险、融入城市等方面遇到的困难和问题开展调查研究，摸清底数，研究对策，积极参与涉及农民工利益的法律法规和重大政策的制定并推动实施。工会还要配合有关部门对农民工工资支付、社会保险、安全生产和职业健康等方面开展督导检查，推动落实农民工欠薪报告制度，协助政府部门做好根治欠薪工作，同时扩大农民工的社会保险覆盖面，并落实社会保险待遇。工会深化以“安康杯”竞赛为载体的群众性安全生产活动，维护农民工安全与健康的合法权益。

（3）进一步提高服务农民工的质量。工会多渠道、多层次、多角度为农民工提供就业、教育培训、工资支付保障、社会保障、劳动安全卫生等服务，利用网络平台打造服务农民工的新媒体矩阵和方便快捷、务实高效的服务通道；以“互联网 +”为线上平台，构建线上线下、互补互促的全方位、多层次服务农民工的工作体系；继续丰富农民工精神文化生活，推动文艺下基层活动和向基层送文化活动，推动农民工平等地享受城市基本公共服务，加大对困难农民工帮扶救助的力度；加快建立社区户外劳动者服务站点，切实解决农民工群体工作中的实际困难；继续组织开展关爱农民工子女的主题活动，在全社会营造关心关爱农民工的浓厚氛围。

101 工会如何参与企业的经济性裁员？

（1）企业工会先期介入企业的经济性裁员。工会参与企业的经济性裁员是在企业的经济效益滑坡、市场疲软、开工不足等情况初现之时先期介入，对这些情况进行调查研究，准备相应的对策和措施。

（2）企业工会对企业的相关措施提出意见。企业采取“停止招工、清退各类外聘人员、停止加班加点和降低工资收入”等一系列措施时，企业工会需要对这些措施提出意见。

（3）企业工会提出需要研究和协商的相关事项。工会在企业正式提出关于经济性裁员的协商意向后，应当召集协商代表、职代会相关专门小组成员、职代会联席会议成员等，准备相关材料，提出工会认为就经济性裁员需要研究和协商的问题。

（4）企业工会与企业协商需要改进的政策措施。企业工会参加经济性裁员协商的任务是根据企业对经济情况的分析和经济性裁员的原因和理由，对职工的安置和安抚政策措施及其他相关职工合法权益的事项交换意见，在协商一致后，形成协商协议。

（5）工会在取得协商一致的基础上，按程序召开职代会，将达成的协议文本提请职代会审议。

（6）企业工会向职代会作协商情况的报告。职代会在对企业裁员方案进行充分审议的基础上进行表决，表决应当采用无记名投票方式。职代会根据表决结果形成书面决议，决议应包含会议召开的时间、地点、应到会代表人数、实到会代表人数、投票结果等内容。

（7）工会和职代会要对企业经济性裁员方案的实施进行监督检查。

（8）企业工会接到企业准备经济性裁员通知后应及时向上级工会通报。上级工会应及时了解、掌握企业经济性裁员的进程情况，并及时协调和处理所出现的问题。

102 工会如何行使对伤亡事故的调查权？

（1）事故调查组的组成形式。在发生轻伤、重伤事故时，用人单位负责人或其指定人员组成的，生产、技术、安全等有关人员以及工会成员参加的事故调查组对事故进行调查。在发生死亡事故时，劳动部门、用人单位主管部门会同单位所在地设区的市（或者相当于设区的市一级）劳动部门、公安部门、工会组成事故调查组对事故进行调查。在发生重大伤亡事故时，按照用人单位的隶属关系，省、自治区、直辖市用人单位主管部门或者国务院有关主管部门会同同级劳动部门、公安部门、监察部门、工会组成事故调查组对事故进行调查。在发生特别重大事故时，按照事故发生单位的隶属关系，省、自治区、直辖市政府或者国务院归口管理部门组织成立特大事故调查组，负责事故的调查工作。特大事故调查组根据调查工作的需要，可以选聘其他部门或者单位的人员参加，也可以聘请有关专家进行技术鉴定。

（2）事故调查组的主要职责。事故调查组要查明事故发生的原因、人员伤亡及财产损失的情况；查明事故的性质，确定事故责任者；提出关于事故的处理意见和今后防范措施的建议，并撰写事故的调查报告。

事故调查必须坚持实事求是、尊重科学的原则，不能带有主观色彩。用人单位必须积极支持、配合事故调查工作，不得设置障碍。事故调查组有权向有关单位和个人了解与事故相关的情况或收集与事故有关的材料，任何单位和个人都不得拒绝。对拒绝接受调查以及拒绝提供有关情况和材料的单位或者个人，要按照国家有关规定给予处分或者依法追究其刑事责任。事故调查组的成员借事故调查之机徇私舞弊或者在事故调查中玩忽职守的，有关部门要给予行政处分，构成犯罪的，要依法追究其刑事责任。

103 企业发生停工、怠工事件，工会应当如何处理？

在处理企业的停工、怠工事件中，工会作为党和政府联系职工群众的桥梁和纽带，与职工有着密切联系。工会熟悉职工的具体利益，了解职工的意见和要求，能够在协调企业行政和职工之间的关系上发挥重要作用。工会应当代表和维护职工的合法权益，反映职工的意见和要求并提出解决方案。对职工提出的合理要求，工会要代表职工与企业行政进行协商，督促其予以解决，满足职工合理的意愿和要求，避免矛盾的激化。

工会还要教育和引导职工尽早投入生产和工作，恢复正常的生产和工作秩序。工会要使职工懂得坚持和发展生产于国家有利，于企业有利，于自己有利。企业发生职工停工、怠工事件时，工会只有正确处理好企业与职工的关系，妥善解决好矛盾，才能避免可能发生的重大恶性事件，维护企业正常的生产运营，促进社会的安定和发展。

104 新形势下如何进一步创新工会维权服务体系?

在新形势下，一些地方工会主动适应劳动关系领域出现的新情况和新问题，直面工会维权服务工作的新挑战，不断创新维权服务体系。比如，上海市总工会近年来积极构建以源头参与治理“四项机制”、全周期维权服务“五项行动”和预防化解劳动关系矛盾“六步工作法”为核心的“四五六”职工维权服务体系。

“四项机制”包括推动建立政府与工会联席会议机制，充分用好人大、政协协商民主机制，深度参与协调劳动关系三方机制，建立健全“工会 +”跨部门联动机制。“五项行动”即“扫码入会”行动、“协商民主”行动、“优化指导”行动、“品质提升”行动、“安康护航”行动，力求达到广覆盖、全周期、立体化目标，下好职工维权服务的“先手棋”。“六步工作法”着眼于持续深化劳动关系矛盾预防化解，通过走访排摸、会商研判明实情，协商民主出实招，群体性劳动纠纷联动调处显实效，争议调处、法律援助、定向监督办实事，打好维护职工队伍和谐稳定的“组合拳”。

此外，上海市总工会推动市人大将企业实行职代会和集体协商制度情况纳入工会劳动法律法规监督检查内容，明确企业违反工会组建、职代会和集体协商建制和不规范运行时，工会组织将企业失信信息纳入市公共信用信息服务平台的工作流程。

105 对新就业形态劳动者如何开展法治宣传教育?

为满足新就业形态劳动者学法的需求，营造人人知法懂法的社会氛围，一些地方工会大力开展“尊法守法 携手筑梦”活动，采用灵活多变、通俗易懂的方式对新就业形态劳动者进行法治教育，维护他们的合法权益。

有些地方工会采取集中宣讲、律师现场讲解咨询、观看普法宣传视频、发放宣传资料等形式向新就业形态劳动者宣传法律知识。

有些地方工会进行走访慰问，依托户外职工爱心驿站平台，在街道、社区发放宣传资料，为新就业形态劳动者提供政策咨询、劳动保护、流动课堂等服务，引导他们自觉守法、遇事找法、解决问题靠法。此外，工会成立调研专班，走访新就业形态的企业，召开座谈会，了解新就业形态劳动者的工作和生活诉求，面对面地为他们答疑释法。

106 如何认定基层工会是否依法依章成立？

对于工会组织来说，要申请法人登记的一个必备条件就是依法依章成立，即依照《工会法》和《中国工会章程》的规定成立。依法依章成立需要具备的条件主要有以下三点：

（1）程序合法。根据《工会法》规定，基层工会、地方各级总工会、全国或者地方产业工会组织的建立，必须报上一级工会批准。同时根据《中国工会章程》的有关规定，工会组织的成立及选举结果要报上一级工会批复。因此，基层工会成立及选举结果必须报上一级工会批准，得到上级工会的正式批复。

（2）组织形式合法。根据《工会法》和《中国工会章程》规定，工会组织形式有总工会、工会委员会、工会联合会、联合工会等。县和县以上各级地方总工会委员会根据工作需要可以派出代表机关。工会派出代表机关的主要形式为工会工作委员会或工会办事处等。

（3）组织机构合法。根据《工会法》和《中国工会章程》规定，工会各级组织按照民主集中制原则建立。工会基层委员会和经费审查委员会须由工会会员大会或者会员代表大会民主选举产生。

107 基层工会所在单位不具有法人资格，基层工会能否取得社会团体法人资格？

基层工会取得社会团体法人资格不以所在单位具备法人资格为前提条件。基层工会与所在单位是各自独立、相互平等的法律主体，在法律上不能互相替代。基层工会法人属于社会团体法人，所在单位既有可能是企业法人、事业单位法人、机关法人、社会团体法人等，也有可能是不具有法人资格的分公司、连锁店等。根据《工会法》和《中国工会章程》等有关规定，分公司、连锁店等非法人单位有会员 25 人以上的，应当成立工会基层委员会；不足 25 人的，可以单独建立工会基层委员会，可以由两个以上单位的会员联合建立工会基层委员会，也可以选举组织员或工会主席一人，主持基层工会工作。在非法人单位建立的基层工会能否取得法人资格主要是看是不是依法依章成立的，与用人单位是否有法人资格没有必然联系，更不能以此作为基层工会取得法人资格的前提或标准。

108 工会法人资格证书过了有效期，是否影响工会组织的社会团体法人资格？

《工会法人资格证书》有效期是指《工会法人资格证书》作为工会法人身份证明文书的使用期限。从法律性质来看，《工会法人资格证书》是一类证明文书，其证明效力受到时间限制，即在规定期限内可用于证明工会法人资格，期限届满后，不再具有证明效力。

基层工会在《工会法人资格证书》有效期届满前，应申请换领新证书，如实报告法人登记事项的变动情况，由上级工会审核确认后，制发新的证书，用于证明其法人身份的合法有效性。基层工会已不具备法人条件的，即使未办理注销登记手续，《工会法人资格证书》也不能继续使用。

设立《工会法人资格证书》有效期的意义在于对该文书的证明效力予以规范，而不涉及该工会法人资格的认定问题。工会法人资格能否存续，不受证书效力期限影响，而取决于是否符合法人条件。基层工会只要符合法人条件，其法人身份就是连续的、不间断的；即使所持有的《工会法人资格证书》证明效力缺失，也不会影响其法人身份，特别是相应责任和义务的存续。

GONG HUI FA LÜ GONG ZUO ZI CE TI

第九部分

工会法律工作自测题

一、单项选择题（共30题，每题2分，每题只有一个正确答案）

1. 企业、事业单位、社会组织（ ），工会认为不适当的，（ ）提出意见。

A. 处分职工　必须　　B. 处分职工　有权

C. 开除职工　应当　　D. 开除职工　有权

2. 基层工会专职主席、副主席或者委员自任职之日起，其劳动合同期限（ ），延长期限相当于其（ ）。

A. 自动中止　任职期间　　B. 自动延长　任职期间

C. 中止计算　任职时间　　D. 自动延长　合同期间

3. 企业、事业单位、社会组织发生停工、怠工事件，工会（ ）代表职工同企业、事业单位社会组织或者有关方面协商，反映职工的意见和要求并提出解决意见。

A. 可以　　B. 应当

C. 不得　　D. 一般

4. 下列选项中的合同条款属于有效条款的是（ ）。

A. 发生工伤事故，概不负责

B. 劳动合同期限为1年以上3年以下的，约定试用期为1个月

C. 不享受双休日休假

D. 在劳动合同期内不得结婚生育

5. 下列情形签订的劳动合同，可以认定为有效的是（ ）。

A. 用人单位甲与劳动者乙签订1年期的劳动合同，工作内容是运送假钞

B. 用人单位甲与劳动者乙约定，社会保险由劳动者自行缴纳

C. 用人单位甲与劳动者乙签订的劳动合同中缺少劳动保护条款

D. 用人单位甲与劳动者乙签订的劳动合同没有约定违约金

6. 按照《劳动合同法》的规定，用人单位违法与劳动者约定的试用期已经履行的，用人单位应当向劳动者按照已经履行的超过法定试用期的期间支付赔偿金，该赔偿金的计算标准为（　）。

A. 劳动者试用期的月工资

B. 劳动者试用期满的月工资

C. 当地最低工资

D. 用人单位的平均工资

7. 劳动合同解除后，用人单位无须给付劳动者经济补偿金的情况是（　）。

A. 用人单位提出并与劳动者协议解除劳动合同

B. 经济性裁员

C. 因劳动者存在过错而解除劳动合同

D. 非过错性辞退

8. 2010年甲公司注册登记成立后，经有关部门批准，向社会公开招聘人员。在甲公司与被录用人员韦某订立的劳动合同中，符合劳动法规定的有（　）。

A. 劳动合同约定试用期为 1 年

B. 在试用期间，韦某不得通知甲公司解除劳动合同

C. 在试用期间，韦某如被证明不符合录用条件，甲公司可解除劳动合同

D. 劳动合同约定韦某的试用期工资低于当地最低工资

9. 下列选项中关于劳务派遣用工的表述，正确的是（ ）。

A. 劳务派遣用工中的劳动关系发生在劳动者与用工单位之间

B. 劳务派遣单位取得用人单位资质，只需要进行工商登记

C. 被派遣劳动者与用工单位的劳动者实行不同的劳动报酬分配办法

D. 劳务派遣用工只能在临时性、辅助性或者替代性的工作岗位上使用

10. 用工单位使用派遣工的数量不得超过其用工总量的（ ）。

A. 10%　　B. 20%

C. 30%　　D. 40%

11. 下列选项中不属于劳动争议受理范围的是（ ）。

A. 企业未达到退休年龄的内退人员与新的用人单位发生的用工争议

B. 因企业自主进行改制引发的争议

C. 劳动者请求社会保险经办机构发放社会保险金的纠纷

D. 劳动者与用人单位终止劳动关系后，请求用人单位办理社保移转手续产生的争议

12. 下列关于试用期规定的表述中，不正确的是（　）。

A. 约定的试用期不得超过 6 个月

B. 试用期不包含在合同期内

C. 同一用人单位与同一劳动者只能约定一次试用期

D. 是否约定试用期由双方当事人协商确定

13. 张某严重近视，应聘某企业精密仪器检测工作时，提供了虚假体检报告，企业决定解除与张某的劳动合同。对此，下列选项中说法正确的是（　）。

A. 因张某不能胜任该项工作，劳动合同应予解除

B. 因张某已被考核录用，企业无权单方解除劳动合同

C. 该劳动合同不应解除，而应变更

D. 该劳动合同无效，企业有权单方解除

14. 下列情形中用人单位可以不向劳动者支付经济补偿金的是（　）。

A. 劳动合同期限届满，用人单位同意续订劳动合同，但降低劳动合同约定条件，劳动者不同意续订的

B. 劳动合同经合同双方协商一致由用人单位提出解除的

C. 用人单位未依法缴纳社会保险费，劳动者被迫解除劳动合同的

D. 劳动者以住所距离工作单位过远为由而提出解除劳动合同的

15. 下列关于非全日制用工的表述，正确的是（　）。

A. 非全日制用工双方当事人任何一方都须提前 3 天通知对方终止用工

B. 非全日制用工劳动报酬按月结算

C. 非全日制用工的劳动者在同一单位一般平均每日工作时间不超过 5 小时

D. 非全日制用工不可以约定试用期

16. 下列关于用人单位与劳动者建立劳动关系时间的表述，正确的是（　）。

A. 自用工之日起

B. 自签订劳动合同之日起

C. 自劳动合同履行之日起

D. 自录用通知送达劳动者之日起

17. 汪某在一家企业工作，如果他希望在试用期内解除劳动合同，下面各项表述中符合《劳动合同法》规定的是（　）。

A. 汪某应当提前 3 日通知企业解除合同

B. 汪某应当提前 30 日以书面形式通知企业解除合同

C. 汪某可以随时通知企业解除合同

D. 汪某在试用期内不得解除合同

18. 下列关于劳务派遣的表述，正确的是（　）。

A. 劳务派遣公司要求派遣工缴纳 5000 元岗位责任保证金

B. 劳务派遣工只能参加派遣公司的工会，而不能参加用工单位的工会

C. 被派遣劳动者在无工作期间，劳务派遣单位无须支付报酬

D. 劳务派遣单位应当将劳务派遣协议的内容告知被派遣劳动者

19. 企业单方面解除职工劳动合同时，（　）事先将理由通知工会。

A. 无需　　B. 只需

C. 可以　　D. 应当

20. 工会（　）职工签订劳动合同，并依法监督劳动合同的履行。

A. 可以指导　　B. 应当指导

C. 可以代替　　D. 应当代表

21. 甲公司为员工韩某提供专项培训费用 10 万元，送其到国外进行专业技术培训，双方约定服务期 10 年，违约金 10 万元。工作满 5 年时，韩某辞职，韩某应向甲公司支付违约金（　）。

A. 0 元　　B. 5 万元

C. 7 万元　　D. 10 万元

22. 郑某于 2012 年 3 月与甲公司签订协议，约定 2012 年 7 月大学毕业后进入甲公司工作，2012 年 8 月郑某到公司报到上班，2013 年 4 月甲公司与其签订劳动合同，郑某工龄的起始时间应当从（　）。

A. 2012 年 3 月开始计算　　B. 2012 年 7 月开始计算

C. 2012 年 8 月开始计算　　D. 2013 年 4 月开始计算

23. 职工因工伤亡事故和其他严重危害职工健康问题的调查处理，（　）有工会参加。

A. 可以　　B. 必须

C. 一般　　D. 必要时

24. 安排劳动者在休息日工作又不能安排补休的，用人单位应当支付不低于劳动者本人标准工资一定比例的工资报酬，具体比例是（　）。

A. 150%　　B. 200%

C. 250%　　D. 300%

25. 有权确认劳动合同无效的机关是（　）。

A. 用人单位的上级主管部门

B. 劳动争议仲裁委员会与法院

C. 企业劳动争议调解委员会

D. 在乡镇、街道设立的具有劳动争议调解职能的组织

26. 根据《劳动合同法》的规定，用人单位支付劳动者经济补偿的月工资标准是指（　）。

A. 用人单位所在地上年度职工十二个月的平均工资

B. 劳动者在劳动合同解除或者终止前十二个月的平均工资

C. 用人单位所在地上年度在岗职工十二个月的平均工资

D. 用人单位在劳动合同解除或者终止前十二个月的企业平均工资

27. 因合并、分立而新设立的基层工会，（　）重新申请工会法人资格登记。

A. 可以　　B. 应当

C. 一般要　　D. 不需要

28. 工会劳动法律监督员对用人单位进行调查时，（　），必要时上级工会可以派员参与调查。

A. 应当不少于 2 人　　B. 应当不少于 3 人

C. 应当为 2 人　　　　　　D. 应当为 3 人

29. 用人单位收到（　）后，未在规定期限内答复，或者无正当理由拒不改正的，基层工会可以提请地方工会向同级人民政府有关主管部门发出书面建议，并移交相关材料。

A. 工会劳动法律监督书面意见

B. 工会劳动法律监督书面建议

C. 工会劳动法律监督口头意见

D. 工会劳动法律监督口头建议

30. 对困难职工的法律援助补助资金，从（　）列支。

A. 工会困难职工帮扶中心专项资金中

B. 单位财务

C. 工会财务

D. 上级工会财务

二、多项选择题（共 20 题，每题至少有两个正确选项，全选对的得 2 分，多选、少选、错选均不得分）

1. 依据《工会法》，上级工会可以派员（　）企业职工组建工会，任何单位和个人不得阻挠。

A. 指导　　　　　　B. 监督

C. 代行　　　　　　D. 帮助

2. 需要经过人力资源和社会保障部门批准的工时制有（　）。

A. 不定时工时制　　　　B. 综合工时制

C. 标准工时制　　　　　D. 非全日制用工

3. 依据《工会法》，某公司在调动工会主席工作时应履行

哪些法定程序？（ ）

A. 应当经该公司党委会研究决定

B. 应征得该公司上一级工会同意

C. 应当经公司党政联席会议决定

D. 应征得该公司工会委员会同意

4. 某公司工会对公司解除职工劳动合同的问题，下列说法正确的是（ ）。

A. 该公司应事先将解除理由通知该公司工会

B. 该公司应当研究工会的意见

C. 该公司工会有权要求公司纠正，并将处理结果书面通知工会

D. 该公司工会有权直接对相关问题作出决定

5. 处理劳动争议，应当根据事实，遵循（ ）的原则，依法保护当事人的合法权益。

A. 合法　　B. 公正

C. 及时　　D. 着重调解

6. 用人单位违规（ ）的，劳动者可以向劳动行政部门投诉，劳动行政部门应当依法处理。

A. 拖欠或者未足额支付劳动报酬

B. 拖欠工伤医疗费

C. 拖欠经济补偿

D. 拖欠赔偿金

7. 当事人申请劳动争议调解可以书面申请，也可以口头申请。口头申请的，调解组织应当当场记录申请人（ ）。

A. 基本情况　　　　　　　　B. 申请调解的争议事项

C. 申请调解的理由　　　　　D. 申请调解的时间

8. 根据《劳动争议调解仲裁法》规定，劳动争议仲裁委员会由（　）组成。

A. 省级人力资源和社会保障厅代表

B. 劳动行政部门代表

C. 工会代表

D. 企业方面代表

9. 基层工会申请工会法人资格登记，应当向登记管理机关提交的材料主要有（　）。

A. 工会法人资格登记申请表

B. 上级工会的正式批复文件

C. 工会经费和财产情况说明

D. 其他需要提交的证明、文件

10. 基层工会可以申请注销登记的情形主要有（　）。

A. 所在单位终止或被撤销，基层工会相应撤销

B. 所在单位终止或被撤销，基层工会相应撤销，并向上一级工会备案

C. 基层工会经会员大会或会员代表大会通过

D. 基层工会经会员大会或会员代表大会通过，并报上一级工会批准撤销

11. 工会劳动法律监督工作应当遵循的主要原则包括（　）。

A. 依法规范　　　　　　　　B. 客观公正

C. 依靠职工　　　　　　　　D. 协调配合

12. 工会对用人单位（　）问题实施重点监督。

A. 恶意欠薪

B. 违法超时加班、违法裁员

C. 未缴纳或未足额缴纳社会保险费

D. 侮辱体罚、强迫劳动、就业歧视、使用童工、损害职工健康等

13. 工会建立法律援助制度，为合法权益受到侵害的（　）提供无偿法律服务。

A. 职工　　B. 工会工作者

C. 工会组织　　D. 所有人群

14. 法律援助工作人员可以聘请（　）。

A. 工会公职律师　　B. 专兼职劳动争议调解员

C. 劳动保障法律监督员　　D. 律师

15. 工会法律援助的范围包括（　）。

A. 劳动争议案件

B. 工会工作者因履行职责合法权益受到侵犯的案件

C. 工会组织合法权益受到侵犯的案件

D. 工会认为需要提供法律援助的其他事项

16. 工会工作者和工会组织申请工会法律援助应当向（　）的工会法律援助机构提出。

A. 侵权行为地　　B. 用人单位所在地

C. 劳动合同签订地　　D. 劳动合同履行地

17. 企业规章制度的生效要件主要包括（　）。

A. 主体合法　　B. 内容合法

C. 程序合法　　　　　　　D. 正式公布

18. 工会劳动法律监督“一函两书”制度中的“两书”是指（　）。

A. 工会劳动法律监督意见书

B. 工会劳动法律监督建议书

C. 工会劳动法律监督问询函

D. 工会劳动法律监督提示函

19. 工会法律援助的主要形式包括（　）。

A. 普及法律知识

B. 提供法律咨询

C. 代写法律文书

D. 参与协商、调解

E. 仲裁、诉讼代理

20. 工会法律工作的主要任务包括（　）方面。

A. 参与国家和地方立法

B. 开展工会劳动法律监督

C. 预防和参与处理劳动争议

D. 为工会和职工提供法律服务

E. 进行工会系统的法治宣传教育

测试题参考答案

一、单项选择题（共30题，每题2分，每题只有一个正确答案）

1. B	2. B	3. B	4. B
5. D	6. B	7. C	8. C
9. D	10. A	11. C	12. B
13. D	14. D	15. D	16. A
17. A	18. D	19. D	20. B
21. B	22. C	23. B	24. B
25. B	26. B	27. B	28. A
29. A	30. A		

二、多项选择题（共20题，每题至少有两个正确选项，全选对的得2分，多选、少选、错选均不得分）

1. AD	2. AB	3. BD	4. ABC
5. ABCD	6. ABCD	7. ABCD	8. BCD
9. ABD	10. BD	11. ABCD	12. ABCD
13. ABC	14. ABCD	15. ABCD	16. AB
17. ABCD	18. AB	19. ABCDE	20. ABCDE

FU LU

附　录

基层工会法人登记管理办法

（总工办发〔2020〕20 号　2020 年 12 月 8 日）

第一章　总　则

第一条　为规范基层工会法人登记管理工作，依法确立基层工会民事主体地位，根据《中华人民共和国民法典》、《中华人民共和国工会法》及《中国工会章程》等有关规定，制定本办法。

第二条　我国境内的企业、事业单位、机关和其他社会组织等基层单位单独或联合建立的工会组织，区域性、行业性工会联合会，开发区（工业园区）工会，乡镇（街道）工会，村（社区）工会等工会组织（以下简称基层工会）申请取得、变更、注销法人资格，适用本办法。

第三条　基层工会按照本办法规定经审查登记，领取赋有统一社会信用代码的《工会法人资格证书》，取得法人资格，依法独立享有民事权利，承担民事义务。

第四条　各级工会应当依照规定的权限、范围、条件和程序，遵循依法依规、公开公正、便捷高效、科学管理的原则，做好基层工会法人登记管理工作。

第五条　省、自治区、直辖市总工会，设区的市和自治州总工会，县（旗）、自治县、不设区的市总工会（以下简称县以上各级地方总工会）应当为工会法人登记管理工作提供必要保障，所需费用从本级工会经费列支。具备条件的，可以专人负责工会法人登记管理工作。

开展工会法人登记管理工作，不得向基层工会收取费用。

第二章　登记管理机关

第六条　中华全国总工会和县以上各级地方总工会为基层工会法人登记管理机关。

登记管理机关相关部门之间应加强沟通，信息共享，协调配合做好工会法人登记管理工作。

第七条　基层工会法人登记按照属地原则，根据工会组织关系、经费收缴关系，实行分级管理：

（一）基层工会组织关系隶属于地方工会的，或与地方工会建立经费收缴关系的，由基层工会组织关系隶属地或经费关系隶属地相应的省级、市级或县级地方总工会负责登记管理；

（二）基层工会组织关系隶属于铁路、金融、民航等产业工会的，由其所在地省级总工会登记管理或授权市级总工会登记管理；

（三）中央和国家机关工会联合会所属各基层工会、在京的中央企业（集团）工会由中华全国总工会授权北京市总工会登记管理；京外中央企业（集团）工会由其所在地省级总工会登记管理或授权市级总工会登记管理。

登记管理机关之间因登记管理权限划分发生争议，由争议双方协商解决；协商解决不了的，由双方共同的上级工会研究确定。

第八条 登记管理机关应当制备工会法人登记专用章，专门用于基层工会法人登记工作，其规格和式样由中华全国总工会制定。

第九条 登记管理机关应当建立法人登记档案管理制度。

中华全国总工会建立统一的全国工会法人登记管理系统，登记管理机关实行网络化登记管理。

第三章 申请登记

第十条 基层工会申请法人资格登记，应当具备以下条件：

（一）依照《中华人民共和国工会法》和《中国工会章程》的规定成立；

（二）有自己的名称、组织机构和住所；

（三）工会经费来源有保障。

基层工会取得法人资格，不以所在单位是否具备法人资格为前提条件。

第十一条 凡具备本办法规定条件的基层工会，应当于成立之日起六十日内，向登记管理机关申请工会法人资格登记。

第十二条 基层工会申请工会法人资格登记，应当向登记管理机关提交下列材料：

（一）工会法人资格登记申请表；

（二）上级工会的正式批复文件；

（三）其他需要提交的证明、文件。

第十三条 登记管理机关自受理登记申请之日起十五日内完成对有关申请文件的审查。审查合格的，颁发《工会法人资格证书》，赋予统一社会信用代码；申请文件不齐备的，应及时通知基层工会补充相关文件，申请时间从文件齐备时起算；审查不合格，决定不予登记的，应当书面说明不予登记的理由。

第十四条 《工会法人资格证书》应标注工会法人统一社会信用代码和证书编码。

工会法人统一社会信用代码按照统一社会信用代码编码规则编定。其中第一位为登记管理部门代码，以数字“8”标识；第二位为组织机构类别代码，以数字“1”或“9”标识，为基层工会赋码时选用“1”，为其他类别工会赋码时选用“9”。

第十五条 基层工会登记工会法人名称，应当为上一级工会批准的工会组织的全称。一般由所在单位成立时登记的名称（区域性、行业性工会联合会应冠以区域、行业名称），缀以“工会委员会”、“联合工会委员会”、“工会联合会”等组成。

基层工会的名称具有唯一性，其他基层工会申请取得法人资格时不得重复使用。

第十六条 基层工会具备法人条件的，依法取得法人资格，工会主席为法定代表人。

第十七条 因合并、分立而新设立的基层工会，应当重新申请工会法人资格登记。

第四章 变更登记

第十八条 取得工会法人资格的基层工会变更名称、住所、法定代表人等事项的，应当自变更之日起三十日内，向登记管理机关申请变更登记，并提交工会法人变更登记申请表和相关文件。

登记管理机关自受理变更登记申请之日起十五日内，换发《工会法人资格证书》，收回原证书。

第十九条 基层工会法人跨原登记管理机关辖区变更组织关系、经费收缴关系或住所的，由原登记管理机关办理登记管理权限变更手续，并按本办法确立的原则，将该基层工会法人登记管理关系转移到变更后的登记管理机关。

第二十条 取得工会法人资格的基层工会，合并、分立后存续，但原登记事项发生变化的，应当申请变更登记。

第二十一条 未经变更登记，任何组织和个人不得擅自改变工会法人资格登记事项。

第五章 注销登记

第二十二条 取得工会法人资格的基层工会经会员大会或会员代表大会通过并报上一级工会批准撤销的，或因所在单位终止、撤销等原因相应撤销的，应当自撤销之日起三十日内，向登记管理机关申请注销登记，并提交工会法人注销登记申请表、上级工会同意撤销的文件或向上级工会备案撤销的文件，以及该基层工会经费、资产清理及债权债务完结的证明等材料。

登记管理机关自受理注销登记申请之日起十五日内完成审查登记，收回《工会法人资格证书》。

第二十三条 取得工会法人资格的基层工会，因合并、分立而解散的，应当申请注销登记。

第六章 信息公告和证书管理

第二十四条 基层工会取得、变更、注销工会法人资格的，登记管理机关应当依法及时在报刊或网络上发布有关信息。

第二十五条 《工会法人资格证书》是基层工会法人资格的唯一合法凭证。未取得《工会法人资格证书》的基层工会，不得以工会法人名义开展活动。

《工会法人资格证书》及相关登记申请表样式由中华全国总工会统一制发。

第二十六条 《工会法人资格证书》的有效期为三年至五年，具体时间与工会的届期相同。

第二十七条 基层工会依法取得《工会法人资格证书》的，应当在证书有效期满前三十日内，向登记管理机关提交《工会法人资格证书》换领申请表和工会法人存续证明材料，经登记管理机关审查合格后换发新证，有效期重新计算。

第二十八条 《工会法人资格证书》不得涂改、抵押、转让和出借。《工会法人资格证书》遗失的，基层工会应当于一个月内在报刊或网络上发布公告，并向登记管理机关提交《工会法人资格证书》补领申请表、遗失公告和说明，申请补发新证。

第七章　监督管理

第二十九条　登记管理机关应当加强对基层工会法人资格登记工作的监督管理，基层工会应当接受并配合登记管理机关的监督管理。

上级工会应当加强对下级工会开展基层工会法人登记管理工作的指导和监督检查。

第三十条　不具备条件的基层工会组织或机构在申请登记时弄虚作假、骗取登记的，由登记管理机关予以撤销登记，收回《工会法人资格证书》和统一社会信用代码。

第三十一条　登记管理机关审查不严，或者滥用职权，造成严重后果的，依法依纪追究有关责任。

第八章　附　则

第三十二条　地方总工会等机构编制由机构编制部门负责管理的工会组织，由机构编制部门制发统一社会信用代码证书。

第三十三条　各级产业工会委员会申领《工会法人资格证书》，参照本办法执行。

第三十四条　县以上各级地方总工会派出的工会工作委员会、工会办事处等工会派出代表机关，工会会员不足二十五人仅选举组织员或者工会主席一人主持工作的基层工会，可以参照本办法规定申请取得统一社会信用代码证书。

第三十五条　各省、自治区、直辖市总工会可以根据本办法的规定，制定基层工会法人登记管理的具体实施细则，并报中华全国总工会备案。

第三十六条 本办法由中华全国总工会负责解释。

第三十七条 本办法自2021年1月1日起施行。2008年6月13日中华全国总工会印发的《基层工会法人资格登记办法》同时废止。

工会劳动法律监督办法

（总工办发〔2021〕9号 2021年3月31日）

第一章 总 则

第一条 为保障和规范工会劳动法律监督工作，维护职工合法权益，推动构建和谐劳动关系，根据《中华人民共和国宪法》和《中华人民共和国工会法》、《中华人民共和国劳动法》及《中国工会章程》等有关规定，制定本办法。

第二条 工会劳动法律监督，是工会依法对劳动法律法规执行情况进行的有组织的群众监督，是我国劳动法律监督体系的重要组成部分。

第三条 工会劳动法律监督工作应当遵循依法规范、客观公正、依靠职工、协调配合的原则。

第四条 全国总工会负责全国的工会劳动法律监督工作。

县级以上地方总工会负责本行政区域内的工会劳动法律监

督工作。

乡镇（街道）工会、开发区（工业园区）工会、区域性、行业性工会联合会等负责本区域或本行业的工会劳动法律监督工作。

用人单位工会负责本单位的工会劳动法律监督工作。

第五条 上级工会应当加强对下级工会劳动法律监督工作的指导和督促检查。

涉及工会劳动法律监督的重大事项，下级工会应当及时向上级工会报告，上级工会应当及时给予指导帮助。对上级工会交办的劳动法律监督事项，下级工会应当及时办理并报告。

第六条 工会应当积极配合有关部门，对政府部门贯彻实施劳动法律法规的情况进行监督。

第七条 有关劳动安全卫生、社会保险等各类专业监督检查，已有相关规定的，按规定执行。

第二章 监督职责

第八条 工会开展劳动法律监督，依法享有下列权利：

（一）监督用人单位遵守劳动法律法规的情况；

（二）参与调查处理；

（三）提出意见要求依法改正；

（四）提请政府有关主管部门依法处理；

（五）支持和帮助职工依法行使劳动法律监督权利；

（六）法律法规规定的其他劳动法律监督权利。

第九条 工会对用人单位的下列情况实施监督：

（一）执行国家有关就业规定的情况；

（二）执行国家有关订立、履行、变更、解除劳动合同规定的情况；

（三）开展集体协商，签订和履行集体合同的情况；

（四）执行国家有关工作时间、休息、休假规定的情况；

（五）执行国家有关工资报酬规定的情况；

（六）执行国家有关各项劳动安全卫生及伤亡事故和职业病处理规定的情况；

（七）执行国家有关女职工和未成年工特殊保护规定的情况；

（八）执行国家有关职业培训和职业技能考核规定的情况；

（九）执行国家有关职工保险、福利待遇规定的情况；

（十）制定内部劳动规章制度的情况；

（十一）法律法规规定的其他劳动法律监督事项。

第十条 工会重点监督用人单位恶意欠薪、违法超时加班、违法裁员、未缴纳或未足额缴纳社会保险费、侮辱体罚、强迫劳动、就业歧视、使用童工、损害职工健康等问题。对发现的有关问题线索，应当调查核实，督促整改，并及时向上级工会报告；对职工申请仲裁、提起诉讼的，工会应当依法给予支持和帮助。

第十一条 工会应当加强法治宣传，引导用人单位依法用工，教育职工依法理性表达合理诉求。

第十二条 工会建立隐患排查、风险研判和预警发布等制度机制，加强劳动关系矛盾预防预警、信息报送和多方沟通协商，把劳动关系矛盾风险隐患化解在基层、消除在萌芽状态。

第十三条 县级以上工会经同级人大、政协同意，可以参加其组织的劳动法律法规执法检查、视察。

第三章 监督组织

第十四条 县级以上总工会设立工会劳动法律监督委员会，在同级工会领导下开展工会劳动法律监督工作。工会劳动法律监督委员会的日常工作由工会有关部门负责。

基层工会或职工代表大会设立劳动法律监督委员会或监督小组。工会劳动法律监督委员会受同级工会委员会领导。职工代表大会设立的劳动法律监督委员会对职工代表大会负责。

工会劳动法律监督委员会任期与本级工会任期相同。

第十五条 县级以上工会劳动法律监督委员会委员由相关业务部门的人员组成，也可以聘请社会有关人士参加。

基层工会劳动法律监督委员会委员或监督小组成员从工会工作者和职工群众中推选产生。

第十六条 工会劳动法律监督委员会可以聘任若干劳动法律监督员。工会劳动法律监督委员会成员同时为本级工会劳动法律监督员。

第十七条 工会劳动法律监督员应当具备以下条件：

（一）具有较高的政治觉悟，热爱工会工作；

（二）熟悉劳动法律法规，具备履职能力；

（三）公道正派，热心为职工群众说话办事；

（四）奉公守法，清正廉洁。

第十八条 工会劳动法律监督员实行先培训合格、后持证上岗制度。工会劳动法律监督员由县级以上总工会负责培训，对考核合格的，颁发《工会劳动法律监督员证书》。证书样式由中华全国总工会统一制定。

第十九条 各级工会应当建立有关制度和信息档案，对工会劳动法律监督员进行实名制管理，具体工作由工会有关部门负责。

第二十条 工会可以聘请人大代表、政协委员、专家学者、社会人士等作为本级工会劳动法律监督委员会顾问，也可以通过聘请律师、购买服务等方式为工会劳动法律监督委员会提供法律服务。

第四章 监督实施

第二十一条 基层工会对本单位遵守劳动法律法规的情况实行监督，对劳动过程中发生的违反劳动法律法规的问题，应当及时向生产管理人员提出改进意见；对于严重损害劳动者合法权益的行为，基层工会在向单位行政提出意见的同时，可以向上级工会和当地政府有关主管部门报告，提出查处建议。

第二十二条 职工代表大会设立的劳动法律监督委员会，对本单位执行劳动法律法规的情况进行监督检查，定期向职工代表大会报告工作，针对存在的问题提出意见或议案，经职工代表大会作出决议，督促行政方面执行。

第二十三条 工会建立健全劳动法律监督投诉制度，对实名投诉人个人信息应当予以保密。

第二十四条 上级工会收到对用人单位违反劳动法律法规行为投诉的，应当及时转交所在用人单位工会受理，所在用人单位工会应当开展调查，于三十个工作日内将结果反馈职工与上级工会。对不属于监督范围或者已经由行政机关、仲裁机构、人民法院受理的投诉事项，所在用人单位工会应当告知实名投诉人。

用人单位工会开展劳动法律监督工作有困难的，上级工会应当及时给予指导帮助。

第二十五条 工会在处理投诉或者日常监督工作中发现用人单位存在违反劳动法律法规、侵害职工合法权益行为的，可以进行现场调查，向有关人员了解情况，查阅、复制有关资料，核查事实。

第二十六条 工会劳动法律监督员对用人单位进行调查时，应当不少于2人，必要时上级工会可以派员参与调查。

工会劳动法律监督员执行任务时，应当将调查情况在现场如实记录，经用人单位核阅后，由调查人员和用人单位的有关人员共同签名或盖章。用人单位拒绝签名或盖章的，应当在记录上注明。

工会劳动法律监督员调查中应当尊重和保护个人信息，保守用人单位商业秘密。

第二十七条 工会主动监督中发现违反劳动法律法规、侵害职工合法权益行为的，应当及时代表职工与用人单位协商，要求整改。对于职工的投诉事项，经调查认为用人单位不存在违反劳动法律法规、侵害职工合法权益行为的，应当向职工说明；认为用人单位存在违反劳动法律法规、侵害职工合法权益行为的，应当代表职工协商解决。

第二十八条　工会对用人单位违反劳动法律法规、侵害职工合法权益的行为，经协商沟通解决不成或要求整改无效的，向上一级工会报告，由本级或者上一级工会根据实际情况向用人单位发出工会劳动法律监督书面意见。

用人单位收到工会劳动法律监督书面意见后，未在规定期限内答复，或者无正当理由拒不改正的，基层工会可以提请地方工会向同级人民政府有关主管部门发出书面建议，并移交相关材料。

第五章　监督保障

第二十九条　工会开展劳动法律监督活动所需经费纳入本级工会预算。

第三十条　地方工会可以结合实际，建立非公有制企业工会劳动法律监督员配套补助制度。

第三十一条　各级工会应当为工会劳动法律监督员履职创造必要条件。工会劳动法律监督员因依法履职受到打击报复的，有权向本级或上级工会反映，上级工会应当及时给予支持和帮助，依法维护其合法权益。

第六章　附　则

第三十二条　本办法由中华全国总工会负责解释。

第三十三条　本办法自印发之日起施行。1995 年 8 月 17 日中华全国总工会印发的《工会劳动法律监督试行办法》同时废止。

最高人民法院关于在民事审判工作中适用《中华人民共和国工会法》若干问题的解释

（2003 年 1 月 9 日最高人民法院审判委员会第 1263 次会议通过，根据 2020 年 12 月 23 日最高人民法院审判委员会第 1823 次会议通过的《最高人民法院关于修改〈最高人民法院关于在民事审判工作中适用《中华人民共和国工会法》若干问题的解释〉等二十七件民事类司法解释的决定》修正，自 2021 年 1 月 1 日起施行）

为正确审理涉及工会经费和财产、工会工作人员权利的民事案件，维护工会和职工的合法权益，根据《中华人民共和国民法典》《中华人民共和国工会法》和《中华人民共和国民事诉讼法》等法律的规定，现就有关法律的适用问题解释如下：

第一条 人民法院审理涉及工会组织的有关案件时，应当认定依照工会法建立的工会组织的社团法人资格。具有法人资格的工会组织依法独立享有民事权利，承担民事义务。建立工会的企业、事业单位、机关与所建工会以及工会投资兴办的企业，根据法律和司法解释的规定，应当分别承担各自的民事责任。

第二条 根据工会法第十八条规定，人民法院审理劳动争议案件，涉及确定基层工会专职主席、副主席或者委员延长的劳动合同期限的，应当自上述人员工会职务任职期限届满之日起计算，延长的期限等于其工会职务任职的期间。

工会法第十八条规定的“个人严重过失”，是指具有《中华人民共和国劳动法》第二十五条第（二）项、第（三）项或者第（四）项规定的情形。

第三条 基层工会或者上级工会依照工会法第四十三条规定向人民法院申请支付令的，由被申请人所在地的基层人民法院管辖。

第四条 人民法院根据工会法第四十三条的规定受理工会提出的拨缴工会经费的支付令申请后，应当先行征询被申请人的意见。被申请人仅对应拨缴经费数额有异议的，人民法院应当就无异议部分的工会经费数额发出支付令。

人民法院在审理涉及工会经费的案件中，需要按照工会法第四十二条第一款第（二）项规定的“全部职工”“工资总额”确定拨缴数额的，“全部职工”“工资总额”的计算，应当按照国家有关部门规定的标准执行。

第五条 根据工会法第四十三条和民事诉讼法的有关规定，上级工会向人民法院申请支付令或者提起诉讼，要求企业、事业单位拨缴工会经费的，人民法院应当受理。基层工会要求参加诉讼的，人民法院可以准许其作为共同申请人或者共同原告参加诉讼。

第六条 根据工会法第五十二条规定，人民法院审理涉及职工和工会工作人员因参加工会活动或者履行工会法规定的职责而被解除劳动合同的劳动争议案件，可以根据当事人的请求裁判用人单位恢复其工作，并补发被解除劳动合同期间应得的报酬；或者根据当事人的请求裁判用人单位给予本人年收入二倍的赔偿，并根据劳动合同法第四十六条、第四十七条规定给予解除劳动合同时的经济补偿。

第七条 对于企业、事业单位无正当理由拖延或者拒不拨缴工会经费的，工会组织向人民法院请求保护其权利的诉讼时效期间，适用民法典第一百八十八条的规定。

第八条 工会组织就工会经费的拨缴向人民法院申请支付令的，应当按照《诉讼费用交纳办法》第十四条的规定交纳申请费；督促程序终结后，工会组织另行起诉的，按照《诉讼费用交纳办法》第十三条规定的财产案件受理费标准交纳诉讼费用。

最高人民法院关于审理劳动争议案件适用法律问题的解释（一）

（2020年12月25日最高人民法院审判委员会第1825次会议通过，自2021年1月1日起施行）

为正确审理劳动争议案件，根据《中华人民共和国民法典》《中华人民共和国劳动法》《中华人民共和国劳动合同法》《中华人民共和国劳动争议调解仲裁法》《中华人民共和国民事诉讼法》等相关法律规定，结合审判实践，制定本解释。

第一条 劳动者与用人单位之间发生的下列纠纷，属于劳动争议，当事人不服劳动争议仲裁机构作出的裁决，依法提起诉讼的，人民法院应予受理：

（一）劳动者与用人单位在履行劳动合同过程中发生的纠纷；

（二）劳动者与用人单位之间没有订立书面劳动合同，但已形成劳动关系后发生的纠纷；

（三）劳动者与用人单位因劳动关系是否已经解除或者终止，以及应否支付解除或者终止劳动关系经济补偿金发生的纠纷；

（四）劳动者与用人单位解除或者终止劳动关系后，请求用人单位返还其收取的劳动合同定金、保证金、抵押金、抵押物发生的纠纷，或者办理劳动者的人事档案、社会保险关系等移转手续发生的纠纷；

（五）劳动者以用人单位未为其办理社会保险手续，且社会保险经办机构不能补办导致其无法享受社会保险待遇为由，要求用人单位赔偿损失发生的纠纷；

（六）劳动者退休后，与尚未参加社会保险统筹的原用人单位因追索养老金、医疗费、工伤保险待遇和其他社会保险待遇而发生的纠纷；

（七）劳动者因为工伤、职业病，请求用人单位依法给予工伤保险待遇发生的纠纷；

（八）劳动者依据劳动合同法第八十五条规定，要求用人单位支付加付赔偿金发生的纠纷；

（九）因企业自主进行改制发生的纠纷。

第二条 下列纠纷不属于劳动争议：

（一）劳动者请求社会保险经办机构发放社会保险金的纠纷；

（二）劳动者与用人单位因住房制度改革产生的公有住房转让纠纷；

（三）劳动者对劳动能力鉴定委员会的伤残等级鉴定结论或者对职业病诊断鉴定委员会的职业病诊断鉴定结论的异议纠纷；

（四）家庭或者个人与家政服务人员之间的纠纷；

（五）个体工匠与帮工、学徒之间的纠纷；

（六）农村承包经营户与受雇人之间的纠纷。

第三条 劳动争议案件由用人单位所在地或者劳动合同履行地的基层人民法院管辖。

劳动合同履行地不明确的，由用人单位所在地的基层人民法院管辖。

法律另有规定的，依照其规定。

第四条 劳动者与用人单位均不服劳动争议仲裁机构的同一裁决，向同一人民法院起诉的，人民法院应当并案审理，双方当事人互为原告和被告，对双方的诉讼请求，人民法院应当一并作出裁决。在诉讼过程中，一方当事人撤诉的，人民法院应当根据另一方当事人的诉讼请求继续审理。双方当事人就同一仲裁裁决分别向有管辖权的人民法院起诉的，后受理的人民法院应当将案件移送给先受理的人民法院。

第五条 劳动争议仲裁机构以无管辖权为由对劳动争议案

件不予受理，当事人提起诉讼的，人民法院按照以下情形分别处理：

（一）经审查认为该劳动争议仲裁机构对案件确无管辖权的，应当告知当事人向有管辖权的劳动争议仲裁机构申请仲裁；

（二）经审查认为该劳动争议仲裁机构有管辖权的，应当告知当事人申请仲裁，并将审查意见书面通知该劳动争议仲裁机构；劳动争议仲裁机构仍不受理，当事人就该劳动争议事项提起诉讼的，人民法院应予受理。

第六条 劳动争议仲裁机构以当事人申请仲裁的事项不属于劳动争议为由，作出不予受理的书面裁决、决定或者通知，当事人不服依法提起诉讼的，人民法院应当分别情况予以处理：

（一）属于劳动争议案件的，应当受理；

（二）虽不属于劳动争议案件，但属于人民法院主管的其他案件，应当依法受理。

第七条 劳动争议仲裁机构以申请仲裁的主体不适格为由，作出不予受理的书面裁决、决定或者通知，当事人不服依法提起诉讼，经审查确属主体不适格的，人民法院不予受理；已经受理的，裁定驳回起诉。

第八条 劳动争议仲裁机构为纠正原仲裁裁决错误重新作出裁决，当事人不服依法提起诉讼的，人民法院应当受理。

第九条 劳动争议仲裁机构仲裁的事项不属于人民法院受理的案件范围，当事人不服依法提起诉讼的，人民法院不予受理；已经受理的，裁定驳回起诉。

第十条 当事人不服劳动争议仲裁机构作出的预先支付劳

动者劳动报酬、工伤医疗费、经济补偿或者赔偿金的裁决，依法提起诉讼的，人民法院不予受理。

用人单位不履行上述裁决中的给付义务，劳动者依法申请强制执行的，人民法院应予受理。

第十一条 劳动争议仲裁机构作出的调解书已经发生法律效力，一方当事人反悔提起诉讼的，人民法院不予受理；已经受理的，裁定驳回起诉。

第十二条 劳动争议仲裁机构逾期未作出受理决定或仲裁裁决，当事人直接提起诉讼的，人民法院应予受理，但申请仲裁的案件存在下列事由的除外：

（一）移送管辖的；

（二）正在送达或者送达延误的；

（三）等待另案诉讼结果、评残结论的；

（四）正在等待劳动争议仲裁机构开庭的；

（五）启动鉴定程序或者委托其他部门调查取证的；

（六）其他正当事由。

当事人以劳动争议仲裁机构逾期未作出仲裁裁决为由提起诉讼的，应当提交该仲裁机构出具的受理通知书或者其他已接受仲裁申请的凭证、证明。

第十三条 劳动者依据劳动合同法第三十条第二款和调解仲裁法第十六条规定向人民法院申请支付令，符合民事诉讼法第十七章督促程序规定的，人民法院应予受理。

依据劳动合同法第三十条第二款规定申请支付令被人民法院裁定终结督促程序后，劳动者就劳动争议事项直接提起诉讼的，人民法院应当告知其先向劳动争议仲裁机构申请仲裁。

依据调解仲裁法第十六条规定申请支付令被人民法院裁定终结督促程序后，劳动者依据调解协议直接提起诉讼的，人民法院应予受理。

第十四条 人民法院受理劳动争议案件后，当事人增加诉讼请求的，如该诉讼请求与讼争的劳动争议具有不可分性，应当合并审理；如属独立的劳动争议，应当告知当事人向劳动争议仲裁机构申请仲裁。

第十五条 劳动者以用人单位的工资欠条为证据直接提起诉讼，诉讼请求不涉及劳动关系其他争议的，视为拖欠劳动报酬争议，人民法院按照普通民事纠纷受理。

第十六条 劳动争议仲裁机构作出仲裁裁决后，当事人对裁决中的部分事项不服，依法提起诉讼的，劳动争议仲裁裁决不发生法律效力。

第十七条 劳动争议仲裁机构对多个劳动者的劳动争议作出仲裁裁决后，部分劳动者对仲裁裁决不服，依法提起诉讼的，仲裁裁决对提起诉讼的劳动者不发生法律效力；对未提起诉讼的部分劳动者，发生法律效力，如其申请执行的，人民法院应当受理。

第十八条 仲裁裁决的类型以仲裁裁决书确定为准。仲裁裁决书未载明该裁决为终局裁决或者非终局裁决，用人单位不服该仲裁裁决向基层人民法院提起诉讼的，应当按照以下情形分别处理：

（一）经审查认为该仲裁裁决为非终局裁决的，基层人民法院应予受理；

（二）经审查认为该仲裁裁决为终局裁决的，基层人民法院不予受理，但应告知用人单位可以自收到不予受理裁定书之日起三十日内向劳动争议仲裁机构所在地的中级人民法院申请撤销该仲裁裁决；已经受理的，裁定驳回起诉。

第十九条　仲裁裁决书未载明该裁决为终局裁决或者非终局裁决，劳动者依据调解仲裁法第四十七条第一项规定，追索劳动报酬、工伤医疗费、经济补偿或者赔偿金，如果仲裁裁决涉及数项，每项确定的数额均不超过当地月最低工资标准十二个月金额的，应当按照终局裁决处理。

第二十条　劳动争议仲裁机构作出的同一仲裁裁决同时包含终局裁决事项和非终局裁决事项，当事人不服该仲裁裁决向人民法院提起诉讼的，应当按照非终局裁决处理。

第二十一条　劳动者依据调解仲裁法第四十八条规定向基层人民法院提起诉讼，用人单位依据调解仲裁法第四十九条规定向劳动争议仲裁机构所在地的中级人民法院申请撤销仲裁裁决的，中级人民法院应当不予受理；已经受理的，应当裁定驳回申请。

被人民法院驳回起诉或者劳动者撤诉的，用人单位可以自收到裁定书之日起三十日内，向劳动争议仲裁机构所在地的中级人民法院申请撤销仲裁裁决。

第二十二条　用人单位依据调解仲裁法第四十九条规定向中级人民法院申请撤销仲裁裁决，中级人民法院作出的驳回申请或者撤销仲裁裁决的裁定为终审裁定。

第二十三条 中级人民法院审理用人单位申请撤销终局裁决的案件，应当组成合议庭开庭审理。经过阅卷、调查和询问当事人，对没有新的事实、证据或者理由，合议庭认为不需要开庭审理的，可以不开庭审理。

中级人民法院可以组织双方当事人调解。达成调解协议的，可以制作调解书。一方当事人逾期不履行调解协议的，另一方可以申请人民法院强制执行。

第二十四条 当事人申请人民法院执行劳动争议仲裁机构作出的发生法律效力的裁决书、调解书，被申请人提出证据证明劳动争议仲裁裁决书、调解书有下列情形之一，并经审查核实的，人民法院可以根据民事诉讼法第二百三十七条规定，裁定不予执行：

（一）裁决的事项不属于劳动争议仲裁范围，或者劳动争议仲裁机构无权仲裁的；

（二）适用法律、法规确有错误的；

（三）违反法定程序的；

（四）裁决所根据的证据是伪造的；

（五）对方当事人隐瞒了足以影响公正裁决的证据的；

（六）仲裁员在仲裁该案时有索贿受贿、徇私舞弊、枉法裁决行为的；

（七）人民法院认定执行该劳动争议仲裁裁决违背社会公共利益的。

人民法院在不予执行的裁定书中，应当告知当事人在收到裁定书之次日起三十日内，可以就该劳动争议事项向人民法院提起诉讼。

第二十五条　劳动争议仲裁机构作出终局裁决，劳动者向人民法院申请执行，用人单位向劳动争议仲裁机构所在地的中级人民法院申请撤销的，人民法院应当裁定中止执行。

用人单位撤回撤销终局裁决申请或者其申请被驳回的，人民法院应当裁定恢复执行。仲裁裁决被撤销的，人民法院应当裁定终结执行。

用人单位向人民法院申请撤销仲裁裁决被驳回后，又在执行程序中以相同理由提出不予执行抗辩的，人民法院不予支持。

第二十六条　用人单位与其它单位合并的，合并前发生的劳动争议，由合并后的单位为当事人；用人单位分立为若干单位的，其分立前发生的劳动争议，由分立后的实际用人单位为当事人。

用人单位分立为若干单位后，具体承受劳动权利义务的单位不明确的，分立后的单位均为当事人。

第二十七条　用人单位招用尚未解除劳动合同的劳动者，原用人单位与劳动者发生的劳动争议，可以列新的用人单位为第三人。

原用人单位以新的用人单位侵权为由提起诉讼的，可以列劳动者为第三人。

原用人单位以新的用人单位和劳动者共同侵权为由提起诉讼的，新的用人单位和劳动者列为共同被告。

第二十八条　劳动者在用人单位与其他平等主体之间的承包经营期间，与发包方和承包方双方或者一方发生劳动争议，依法提起诉讼的，应当将承包方和发包方作为当事人。

第二十九条 劳动者与未办理营业执照、营业执照被吊销或者营业期限届满仍继续经营的用人单位发生争议的，应当将用人单位或者其出资人列为当事人。

第三十条 未办理营业执照、营业执照被吊销或者营业期限届满仍继续经营的用人单位，以挂靠等方式借用他人营业执照经营的，应当将用人单位和营业执照出借方列为当事人。

第三十一条 当事人不服劳动争议仲裁机构作出的仲裁裁决，依法提起诉讼，人民法院审查认为仲裁裁决遗漏了必须共同参加仲裁的当事人的，应当依法追加遗漏的人为诉讼当事人。

被追加的当事人应当承担责任的，人民法院应当一并处理。

第三十二条 用人单位与其招用的已经依法享受养老保险待遇或者领取退休金的人员发生用工争议而提起诉讼的，人民法院应当按劳务关系处理。

企业停薪留职人员、未达到法定退休年龄的内退人员、下岗待岗人员以及企业经营性停产放长假人员，因与新的用人单位发生用工争议而提起诉讼的，人民法院应当按劳动关系处理。

第三十三条 外国人、无国籍人未依法取得就业证件即与中华人民共和国境内的用人单位签订劳动合同，当事人请求确认与用人单位存在劳动关系的，人民法院不予支持。

持有《外国专家证》并取得《外国人来华工作许可证》的外国人，与中华人民共和国境内的用人单位建立用工关系的，可以认定为劳动关系。

第三十四条 劳动合同期满后，劳动者仍在原用人单位工作，原用人单位未表示异议的，视为双方同意以原条件继续履行劳动合同。一方提出终止劳动关系的，人民法院应予支持。

根据劳动合同法第十四条规定，用人单位应当与劳动者签订无固定期限劳动合同而未签订的，人民法院可以视为双方之间存在无固定期限劳动合同关系，并以原劳动合同确定双方的权利义务关系。

第三十五条 劳动者与用人单位就解除或者终止劳动合同办理相关手续、支付工资报酬、加班费、经济补偿或者赔偿金等达成的协议，不违反法律、行政法规的强制性规定，且不存在欺诈、胁迫或者乘人之危情形的，应当认定有效。

前款协议存在重大误解或者显失公平情形，当事人请求撤销的，人民法院应予支持。

第三十六条 当事人在劳动合同或者保密协议中约定了竞业限制，但未约定解除或者终止劳动合同后给予劳动者经济补偿，劳动者履行了竞业限制义务，要求用人单位按照劳动者在劳动合同解除或者终止前十二个月平均工资的30%按月支付经济补偿的，人民法院应予支持。

前款规定的月平均工资的30%低于劳动合同履行地最低工资标准的，按照劳动合同履行地最低工资标准支付。

第三十七条 当事人在劳动合同或者保密协议中约定了竞业限制和经济补偿，当事人解除劳动合同时，除另有约定外，用人单位要求劳动者履行竞业限制义务，或者劳动者履行了竞业限制义务后要求用人单位支付经济补偿的，人民法院应予支持。

第三十八条 当事人在劳动合同或者保密协议中约定了竞业限制和经济补偿，劳动合同解除或者终止后，因用人单位的原因导致三个月未支付经济补偿，劳动者请求解除竞业限制约定的，人民法院应予支持。

第三十九条 在竞业限制期限内，用人单位请求解除竞业限制协议的，人民法院应予支持。

在解除竞业限制协议时，劳动者请求用人单位额外支付劳动者三个月的竞业限制经济补偿的，人民法院应予支持。

第四十条 劳动者违反竞业限制约定，向用人单位支付违约金后，用人单位要求劳动者按照约定继续履行竞业限制义务的，人民法院应予支持。

第四十一条 劳动合同被确认为无效，劳动者已付出劳动的，用人单位应当按照劳动合同法第二十八条、第四十六条、第四十七条的规定向劳动者支付劳动报酬和经济补偿。

由于用人单位原因订立无效劳动合同，给劳动者造成损害的，用人单位应当赔偿劳动者因合同无效所造成的经济损失。

第四十二条 劳动者主张加班费的，应当就加班事实的存在承担举证责任。但劳动者有证据证明用人单位掌握加班事实存在的证据，用人单位不提供的，由用人单位承担不利后果。

第四十三条 用人单位与劳动者协商一致变更劳动合同，虽未采用书面形式，但已经实际履行了口头变更的劳动合同超过一个月，变更后的劳动合同内容不违反法律、行政法规且不违背公序良俗，当事人以未采用书面形式为由主张劳动合同变更无效的，人民法院不予支持。

第四十四条 因用人单位作出的开除、除名、辞退、解除劳动合同、减少劳动报酬、计算劳动者工作年限等决定而发生的劳动争议，用人单位负举证责任。

第四十五条 用人单位有下列情形之一，迫使劳动者提出解除劳动合同的，用人单位应当支付劳动者的劳动报酬和经济补偿，并可支付赔偿金：

（一）以暴力、威胁或者非法限制人身自由的手段强迫劳动的；

（二）未按照劳动合同约定支付劳动报酬或者提供劳动条件的；

（三）克扣或者无故拖欠劳动者工资的；

（四）拒不支付劳动者延长工作时间工资报酬的；

（五）低于当地最低工资标准支付劳动者工资的。

第四十六条 劳动者非因本人原因从原用人单位被安排到新用人单位工作，原用人单位未支付经济补偿，劳动者依据劳动合同法第三十八条规定与新用人单位解除劳动合同，或者新用人单位向劳动者提出解除、终止劳动合同，在计算支付经济补偿或赔偿金的工作年限时，劳动者请求把在原用人单位的工作年限合并计算为新用人单位工作年限的，人民法院应予支持。

用人单位符合下列情形之一的，应当认定属于“劳动者非因本人原因从原用人单位被安排到新用人单位工作”：

（一）劳动者仍在原工作场所、工作岗位工作，劳动合同主体由原用人单位变更为新用人单位；

（二）用人单位以组织委派或任命形式对劳动者进行工作

调动；

（三）因用人单位合并、分立等原因导致劳动者工作调动；

（四）用人单位及其关联企业与劳动者轮流订立劳动合同；

（五）其他合理情形。

第四十七条 建立了工会组织的用人单位解除劳动合同符合劳动合同法第三十九条、第四十条规定，但未按照劳动合同法第四十三条规定事先通知工会，劳动者以用人单位违法解除劳动合同为由请求用人单位支付赔偿金的，人民法院应予支持，但起诉前用人单位已经补正有关程序的除外。

第四十八条 劳动合同法施行后，因用人单位经营期限届满不再继续经营导致劳动合同不能继续履行，劳动者请求用人单位支付经济补偿的，人民法院应予支持。

第四十九条 在诉讼过程中，劳动者向人民法院申请采取财产保全措施，人民法院经审查认为申请人经济确有困难，或者有证据证明用人单位存在欠薪逃匿可能的，应当减轻或者免除劳动者提供担保的义务，及时采取保全措施。

人民法院作出的财产保全裁定中，应当告知当事人在劳动争议仲裁机构的裁决书或者在人民法院的裁判文书生效后三个月内申请强制执行。逾期不申请的，人民法院应当裁定解除保全措施。

第五十条 用人单位根据劳动合同法第四条规定，通过民主程序制定的规章制度，不违反国家法律、行政法规及政策规定，并已向劳动者公示的，可以作为确定双方权利义务的依据。

用人单位制定的内部规章制度与集体合同或者劳动合同约定的内容不一致，劳动者请求优先适用合同约定的，人民法院应予支持。

第五十一条　当事人在调解仲裁法第十条规定的调解组织主持下达成的具有劳动权利义务内容的调解协议，具有劳动合同的约束力，可以作为人民法院裁判的根据。

当事人在调解仲裁法第十条规定的调解组织主持下仅就劳动报酬争议达成调解协议，用人单位不履行调解协议确定的给付义务，劳动者直接提起诉讼的，人民法院可以按照普通民事纠纷受理。

第五十二条　当事人在人民调解委员会主持下仅就给付义务达成的调解协议，双方认为有必要的，可以共同向人民调解委员会所在地的基层人民法院申请司法确认。

第五十三条　用人单位对劳动者作出的开除、除名、辞退等处理，或者因其他原因解除劳动合同确有错误的，人民法院可以依法判决予以撤销。

对于追索劳动报酬、养老金、医疗费以及工伤保险待遇、经济补偿金、培训费及其他相关费用等案件，给付数额不当的，人民法院可以予以变更。

第五十四条　本解释自 2021 年 1 月 1 日起施行。